高校思政教育的教学方法与理论研究

王静静　李丽娜　邓　燕 ◎著

中国出版集团　全国百佳图书
中国民主法制出版社　出版单位

图书在版编目（CIP）数据

高校思政教育的教学方法与理论研究 / 王静静，李丽娜，
邓燕著. — 北京：中国民主法制出版社，2023.9
　ISBN 978-7-5162-3416-7

　Ⅰ．①高… Ⅱ．①王… ②李… ③邓… Ⅲ．①高等学校
—思想政治教育—教学研究—中国 Ⅳ．①G641

　中国国家版本馆 CIP 数据核字 (2023) 第 186223 号

图书出品人：刘海涛
出 版 统 筹：石　松
责 任 编 辑：刘险涛　吴若楠

书　　名/高校思政教育的教学方法与理论研究

作　　者/王静静　李丽娜　邓燕　著

出版·发行/中国民主法制出版社

地址/北京市丰台区右安门外玉林里 7 号（100069）

电话/(010)63055259（总编室）　63058068　63057714（营销中心）

传真/(010)63055259

http://www.npcpub.com

E-mail:mzfz@npcpub.com

经销/新华书店

开本/16 开　787 毫米×1092 毫米

印张/12.5　字数/200 千字

版本/2023 年 9 月第 1 版　2023 年 9 月第 1 次印刷

印刷/廊坊市源鹏印务有限公司

书号/978-7-5162-3416-7

定价/68.00 元

前 言

思想政治理论课教学方法在思想政治理论课教学中发挥着"桥梁"的作用，是实现思想政治理论课教学目标的必要条件，是影响思想政治理论课教学效果的重要因素。高校思想政治理论课教师正是通过教学方法与大学生产生"教"与"学"的关系，也是通过教学方法来调动和激活思想政治理论课教学过程的其他要素。高校思想政治理论课自设置以来，经过几轮改革，教学目标更加明确，教学内容更加全面系统，要求思想政治理论课教学方法要适应教学目标和内容的发展。同时，社会综合化、多样化、复杂化的发展，人的自主性、个性化、特色化发展影响着思想政治理论课教学的环境和对象特点。

鉴于思想政治理论课教学方法在思想政治理论课教学中的重要地位和作用，我们有必要研究思想政治理论课教学方法中存在的问题，并提出应对之策，以促进思想政治理论课教学的发展。思想政治理论课在高校开设以来，常常遭人诟病，很多大学生认为它可有可无，对其内容不接收、不接受、不理解的现象不同程度地存在。高校思想政治理论课遭遇如此尴尬，原因有很多，思想政治理论课教学方法科学化程度不高是重要的原因之一。长此以往，思想政治理论课教学目标将难以实现，其合法性也会遭到挑战。因此，实现思想政治理论课教学方法科学化已是非常紧迫的任务。

理论上，思想政治理论课教学方法科学化是思想政治理论课教学理论的重要组成部分；在实践中，则是为了增强思想政治理论课的针对性和实效性，实现教学目标，是为思想政治理论课教学实践服务的。研究思想政治理论课教学方法科学化，具有重要的理论意义和现实意义。

目录

第一章 高校思政教育的基本内涵

第一节 高校思想政治教育内涵

一、高校思想政治教育的内涵

在《现代汉语词典》中，所谓内涵是："逻辑学上指一个概念所反映的事物的本质属性的总和，也就是概念的内容。"按照内涵的这一定义，高校思想政治教育的内涵就应当是"高校思想政治教育"这一概念所反映的事物的本质属性的总和，即"高校思想政治教育"这一概念的内容。在实践中，高校思想政治教育主要是高校思想政治工作者利用一定的思想观念、政治观点、道德规范，对大学生施加有目的、有计划、有组织地影响，使他们形成符合中国特色社会主义所需要的思想品德的教育实践活动。因此，高校思想政治教育的基本内涵是指最能反映这一教育实践活动本质属性的主要内容。

在哲学中，所谓事物的本质属性，是指事物固有的、决定事物性质、面貌和发展的根本属性。由此出发，高校思想政治教育的本质属性也应当是高校思想政治教育固有的、决定其性质、面貌和发展的质的规定性。因此，这种本质属性应包括两个方面：第一，本质属性应贯穿高校思想政治教育活动的始终，是高校思想政治教育活动中最普遍、最一般的固有属性且规定和影响其他派生属性（非本质属性）；第二，本质属性应该是高校思想政治教育变化发展的根据。根据这两个方面，笔者认为高校思想政治教育的本质属性应为政治性与科学性的有机统一。政治性是高校思想政治教育的阶级属性。如果没有表示阶级意志的政治性，不能维护统治阶级的有效统治，那么高校思想政治教育就不可能存在，更不可能发展，因此政治性是贯穿高校思想政治教育始终的一个特有属性。科学性是高校思想政治教育的客观实践属性。

如果不反映客观事物的本质和历史发展的趋势，不能最终促进社会生产力的发展，不代表广大人民群众的根本利益，高校思想政治教育就不能得到发展，当然也不能长久地存在，因此科学性是高校思想政治教育本身得以发展的内在规定性。

综上所述，要完整准确地认识高校思想政治教育的本质，就必须坚持高校思想政治教育政治性与科学性在理论与实践上的有机统一。在这一问题上，目前存在着两种不良倾向：一种倾向是强调高校思想政治教育的政治性，而偏离高校思想政治教育的科学性，从而使高校思想政治教育变得空洞与说教，表现为泛政治化，就形势而追踪形势，就热点而炒作热点，缺乏系统的科学理论支撑。这种倾向在一定程度上使得高校思想政治教育的效果一击就垮。另一种倾向是强调高校思想政治教育的科学性，否定高校思想政治教育的政治性，从而使高校思想政治教育变得盲目。例如，在实践中，一些高校的"法律基础"课被称为"法学概论"课。高校思想政治教育丧失政治性，就意味着主动放弃意识形态领域的主导权，后果将不堪设想。因此，深化对高校思想政治教育本质属性的认识，是当前提高高校思想政治教育有效性、加强高校思想政治教育学科建设的当务之急。

二、高校思想政治教育内涵的继承性

伽达默尔认为，所有的概念都不是固定不变的，其意义必定随时间推移在阐释者的实践理解中发生变化。因此，语言概念的意义只能在不间断的交流或对话中得到澄清，阐释只能通过不断与其他阐释者对话来验证自己对世界的阐释是否正确、是否理性，而传统（语言传统、意义传统以及有关主体间相互理解时所依赖的共同语言环境的一切因素的传统）正是使这种对话得以顺利进行的基础。传统是历史的沉淀。流传至今的"传统"是历史的超越，必有它存在的理由。因此，善待传统是人类明智的表现。向传统学习，把传统转化为我们心智的一部分，就成为每个人成长的永不停歇的过程。

为了避免低水平地重复制造，人们必须遵从学术传统，在传统的基础上提出和研究问题，使传统得以发展。在思想发展史上，但凡新的思想的出现，都不是孤立的现象，无不可从传统中找到它的碎片和痕迹。在历史的演进过程中，传统并非一成不变，它会发生衍化。就大的方面而言，分为以下几类：一些传统历经时代变迁，活力依旧，本色不改；一些传统被赋予新质，在蜕变中仍显其本质特性；一些传统与社会发展方向相悖，但终因各种复杂的因素而悄然存活。区别这些各自不同的传统是必要的，至少可以给如何继承提供路径。显然，对前两类传统应视其情况予以继承，对后一类传统则应力拒。

三、高校思想政治教育内涵的创新性

传统固然重要，但是它不能包揽和代替现实。因为事物在发展，现实在变化，新的东西总是层出不穷，一味地抱残守缺，无异于刻舟求剑，不能适应时代的发展和社会的需求。因此，在合理继承传统的基础上，改进和创新实属必然。

创新是对传统作大胆的扬弃，重在创意、创建和创立。创新需要科学与人文的价值导向：求真、向善。求真，即贴近现实，追求真理；向善，即符合完美的人性，追求人类的终极关怀，体现符合多数人意向的道德情感，它是一种价值承诺，是教育信念确立的基础和前提。对创新要进行价值评价，不能单一强调新，否则就是庸俗的进化论。在创新这一概念中，"创"始终是手段；"新"才是目的。所谓新，并不是仅仅标新立异，要看其是否具有新质，是否具有新价值，是否体现事物的本质，是否代表社会发展的方向。我们需要的是真正意义上的创新，反对徒有其表的所谓的创新。那种把创新仅仅停留在现象层面，甚至停留在口号上的做派，是学风浮躁的表现，绝非真正意义上的创新。旧和新，只是相对而言，旧在之前也曾是新的，何况它能沿袭至今，必有其缘由，不能大起大落，作简单的肯定和否定。在各种思潮并起、社会价值观多元的当今社会，对"旧"和"新"进行梳理，还它以本来面目，是继承和创新的逻辑起点。

针对教育，包括高校思想政治教育的保守性、封闭性，邓小平同志提出了教育要面向现代化、面向世界、面向未来的主张，还提出了培养"有理想、有道德、有文化、有纪律"的社会主义新人的目标，为克服高校思想政治教育的功能性危机，推动高校思想政治教育实现创新指明了方向。同时，当代，社会迅速发展的情况，同过去时代已有很大不同，现在绝不是过去的再现，未来更不是现在和过去的翻版，教育的重任是要为一个未知的世界培养人，"在历史上第一次为一个尚未存在的社会培养新的人。这就为教育体系提出一个崭新的任务"。因此，在现代社会条件下，高校思想政治教育的生命线作用、先导性作用，应当合理地被理解和作为创新功能进行发展和发挥。这

种发展和发挥的基础和需要，就是思想政治教育向更新领域的发展。

四、高校思想政治教育的领域拓展

近年来，社会的发展对高校思想政治教育提出了新的要求。基于教育要面向现代化、面向世界、面向未来的思维，也基于现代社会和学科领域的高度分化与高度综合相结合的发展趋势，高校思想政治教育的作用范围在扩大，高校思想政治教育在向新的领域拓展。

第一，高校思想政治教育向宏观领域的拓展。这种拓展表现在两个层面上：其一是国内层面，就是高校思想政治教育要面向社会主义现代化建设，把社会主义现代化建设作为政治方向，作为高校思想政治教育的主题。

高校思想政治教育要向业务活动、经济活动、管理工作广泛渗透，深深植根于现代社会生活之中。在现代社会条件下，政治、经济和科学技术的发展，不断开辟出新的领域，环境问题、生态问题等新发展的领域和新涌现的问题，既广泛深刻地推动和影响着社会的进步，也折射出许多新的思想、政治、道德问题，迫切需要发展的高校思想政治教育与之相适应，创建竞争伦理、科技伦理、环境伦理、网络伦理等，保证和促进新的领域的发展。其二是国际层面，为了适应对外开放的需要，我们要培养大批面向世界的人才。面向世界的人才不仅要有参与世界范围竞争的科学技术水平，也要有面对世界的思想、道德和心理素质。面对世界上各种文化和价值观的冲击，更要有正确分析、鉴别、选择人生观、价值观的思想基础；投身于世界范围的经济、科技、人才竞争，更要有敢于竞争的勇气和自强不息的精神；生活在对外开放的环境和活动在各种场所，更要有健康的心理和文明风度。这些思想政治素质，比过去要求更高，也更全面。

第二，高校思想政治教育向未来领域的拓展。随着开放的扩大和改革的深化，科学技术的迅猛发展、物质文化生活水平的提高和竞争机制的广泛引入，既增加了社会的复杂程度，又加快了社会的变化频率。因此，现代社会对大学生来说，在其发展过程中总是既存在机遇，又存在风险。青年学生希望自己能抓住机遇，避免风险，他们更加关注发展的前景，更加注视未来领域的发展趋向。高校思想政治教育必须面向未来发展，探索适用未来领域的理论与方法。高校思想政治教育的一个重要作用是导向，即以正确的思想指导大学生进行实践活动。因而高校思想政治教育应当具有超前性和预防性，要保证和促进大学生面向未来的顺利发展。高校思想政治教育当然不能代替大学生的预测与决策，但高校思想政治教育可以帮助大学生增强面向未来的意识，使之对未来发展趋势有一个清晰认定，学会抓住机遇，化解风险，避免偶然因素和不道德行为的干扰和冲击，增强预测与决策的自觉性。同时，高校思想政治教育还要帮助大学生掌握科学的预测和决策方法，克服经验主义、盲目主义倾向，防止由于复杂因素的困扰和不能面对差距而陷入宗教、迷信的倾向。因此，社会的发展和大学生的发展，既向高校思想政治教育提出了面向未来进行预测和决策的要求，也为其开展预测和决策创造了条件。正确的预测既是为了现在，更是为了未来，为了在预见的前景和目标之前采取正确的教育决策和教育措施，实现教育的科学化。现代高校思想政治教育一定要研究预测和决策的理论和方法，形成高校思想政治教育预测与决策的分支学科，为高校思想政治教育提供理论指导。

第三，高校思想政治教育向微观领域的拓展。所谓高校思想政治教育的微观领域，就是指高校思想政治教育工作者与大学生的内心世界。宏观的客观世界同人们的主观的内心世界总是不可分割地联系在一起的。宏观世界的开放性、复杂性、易变性也会导致人们内心世界的开放、复杂与变动。因此，高校思想政治教育在向宏观领域发展的同时，也必须向微观领域发展。人们内心世界具有更大的复杂性和潜藏性，它像一个"黑箱"，无法窥探，也难以敞开，只能通过深入研究，才能把握其发展变化的规律性。在现代社会条件下，社会因素和社会信息不断增多，并且变化节奏加快，整个社会和人们的利益关系复杂程度增加，引起大学生的心理震荡，增加心理负荷，甚至导致一些人出现心理不平衡、心理障碍与心理疾病。因此，心理方面的问题十分突出地摆到了高校思想政治教育者面前。开展心理测试与心理分析，进行心理诊断与心理咨询，普及心理保健知识，提高心理素质，便成为高校思想政治教育的一项重要任务。研究人们内心世界的问题，还有一个更重要的任务就是开发人力资源。每一个人都有一个复杂的内心世界，每一个人都有巨大的潜能。我们要把人们的潜能充分发挥出来，把人力资源充分开发出来，如果不掌握人们内心世界的发展变化规律，不能有效地把外在教育内化为人们的思想，就只能是一句空话。所以，我们要探索思想内化理论，掌握心理发展规律，建立具有中国特色的高校思想政治教育心理学。

第二节 高校思想政治教育的社会内涵

一、普及马克思主义中国化理论

马克思主义中国化的四大理论成果是一脉相承的思想理论体系。毛泽东思想、邓小平理论、"三个代表"重要思想和科学发展以及习近平新时代中国特色社会主义思想具有本质上的一致性。它们都以辩证唯物主义和历史唯物主义作为世界观和方法论，把解放和发展生产力作为历史进步的着眼点，把实现共产主义、解放全人类作为根本目标。同时，它们又都是开放的理论体系，坚持解放思想、实事求是、不断汲取时代精神的精华而丰富和发展自己，都具有与时俱进的特性，是我们立党立国之本。

二、树立中国特色社会主义共同理想

一个国家的可持续发展，一个国家的内部和谐，与该国现实的政治经济状况密切相关，与该国国民的共同理想也密切相关，这两种相关是同等重要的。强大而明确的共同理想，甚至能在很长时期内克服政治经济结构的现实裂痕，这在历史上不乏其例。中国经过近现代的曲折徘徊与浴血奋争，经过近几十年来的探索发展，已经走出了一条适合自身国情、能有效发挥本国优势且取得了辉煌成就的道路，这就是中国特色社会主义。

三、弘扬民族精神和时代精神

民族精神是一个民族在长期的历史发展过程中逐步形成和培育起来的一种独具民族特色的、自觉的群体意识，是民族文化、民族智慧、民族情感、民族心理、民族共同理想、民族共同价值取向和民族行为规范等民族个性的综合体现。中国自古便是一个多民族的国家，几千年来，在以中原地区民族为中心与周边少数民族绵延不断的民族文化的碰撞与交融中形成了以汉族为中心的一体多元的民族结构，由此而逐渐萌生的民族意识最终整合为中华民族精神，成为推动中华民族发展壮大的精神力量。加强中华民族优秀传统和艰苦奋斗教育，是新时代高校思想政治教育的重要内容。中华民族在五千年的文明发展史中，为我们留下了丰富的文化遗产，蕴涵在其中的伟大的民族精神，是中华民族传统文化的积淀和升华。我国如何在更加开放的环境下不

断发展壮大中华民族传统文化，增强广大群众特别是青少年对民族文化的认同和自信；如何在激烈的国际竞争中努力确立并发挥我们自己的民族文化优势，增强民族文化竞争力，维护国家文化安全等，成为高校思想政治教育面临的重大课题。必须坚持以人为本，挖掘中华民族的文化资源，把民族精神教育作为高校思想政治教育的重中之重，实现古今文明的优势互补。

时代精神是时代思想的结晶，是一个时代科学认识成果和进步潮流的凝聚，是对时代问题的能动反映和应答，是某一社会在特定时代代表主流文化的内在、稳定而又深刻的东西，是一个时代、一个民族大多数人所希望、所向往、所信奉、所为之激动不已、追求不止的观念和精神，具体体现在这个时代大多数人的精神风貌、民族特质、理想信念、生活态度、价值取向、人生追求、风俗习惯、行为规范及所有活动之中，是贯穿于其中的原则、灵魂和起统摄作用的东西。时代精神产生于时代之中并表现时代，与时代发展一样具有一致性和同步性。因为，它直接就是时代变化的晴雨表或集中体现。时代精神反映了时代的特点、时代的内容并适应了时代的要求，它为特定时代提供精神支柱、动力和文化条件。当今时代精神主要体现在科学精神、人文精神、民主精神、开放精神和创新精神上，体现在"解放思想、实事求是，与时俱进、勇于创新，知难而进、一往无前，艰苦奋斗、务求实效，淡泊名利、无私奉献"上，其本质和灵魂在于创新。高校思想政治教育要善于从时代精神中汲取营养，在时代发展和社会进步中掘取资源，吸纳表达时代精神，把时代精神作为塑造一代新人的核心内容，贯穿于教育的全过程，渗透到教育的方方面面。无视时代的进步，社会的发展，与时代精神和时代发展相左，高校思想政治教育就很难被人们接受，很难体现时代感，很难取得实效。

四、社会主义核心价值观

中国共产党在领导中国革命、建设和改革的过程中，对加强高校思想政治教育极其重视，并在实践中积极探索高校思想政治教育的基本规律。总结这些规律，其中的一条重要经验就是，要高度重视高校思想政治教育的育人功能，要特别强调人才思想道德素质的重要性，强调道德养成对于人才培育的重要意义。毛泽东同志在谈到青年高校思想政治教育时也提出，讲道德的青年才是真正的模范青年，具有坚定政治方向的道德才是真正的政治道德，"有一些人，他们嘴上道德、气节乱喊一阵，但在政治上是不坚定的，中途会变节的，这是无道无德"，这些都说明了思想道德素质在人才素质构成和高校思想政治教育中的极端重要性。当代大学生理应是思想道德素质和科学文化素质协调发展的一代。高校不但要注重大学生的文化素质教育，更要注重大学生的思想道德教育。正如大科学家爱因斯坦所说："用专业知识教育人是不够的。通过专业教育，他可以成为一种有用的机器，但是不能成为一个和谐发展的人。要使学生对价值有所理解并且产生热烈的感情，那是最基本的。他必须获得对美和道德上的善恶鲜明的辨别力。"

社会主义核心价值观是社会主义核心价值体系的内核，体现社会主义核心价值体系的根本性质和基本特征，反映社会主义核心价值体系的丰富内涵和实践要求，是社会主义核心价值体系的高度凝练和集中表达。

第三节 高校思想政治教育的个体发展内涵

一、促进大学生人际和谐与心理和谐

当前，如何实现个人与他人关系的和谐、如何实现团队的和谐发展，成了影响大学生成长的重要问题。随着社会分工的细化和科学领域的不断拓展，当今社会越来越强调团队协作的重要性。我国高等教育大众化、后勤社会化、学分制的深化，却严重地冲击了大学里班级、寝室等基本团队形式。这导致了学生的自我意识不断增强，团队协作意识相对淡薄。因此，加强团队教育，成为高校思想政治教育面临的重要任务。团队教育强调的是在以人为本、以学生为本基础上的团队协作与配合，从而实现团队与个体的共赢。

人自身的和谐是整个社会和谐发展的根本前提。当前大学生在成长过程中面临的自身和谐问题主要表现在：理想追求与现实可能的不和谐；认知与行为的不和谐；身体成长与心理发育的不和谐；主观成长需要与现实拥有条件的不和谐等。为此，高校在高校思想政治教育过程中必须抓住这几个关键要素，认真做好学生的心理健康教育，通过系统的心理测试、有针对性的心理咨询、心理素质拓展训练和完备的心理危机干预体系，让学生的心理与身体实现成长同步。同时，对学生的学业给以激励和引导。

二、培养大学生的竞争意识与合作精神

首先，高校要帮助大学生增强竞争意识，克服不正常的竞争心态。竞争

的目的是破除平均主义的观念，以各种利益的差异形成积极进取的动力，使个体、集体、国家的利益得到最大满足，从而推动个人、社会的快速进步与发展。因此，竞争结果的差异是不可避免的。竞争的特质既然是机遇与风险并存，目标与结果不相吻合、竞争失败也就是不可避免的。如果对竞争的后果不具有心理平衡与协调的意识与能力，就容易使竞争造成消极的影响与后果，表现在竞争目标和期望定位及实现过程中产生的不切实际的想法、急躁情绪和浮躁心理。由于目标和期望实现受阻或难以实现而产生的挫折感、悲观感和自暴自弃感，对竞争结果的差异性不能正确对待而产生的心理失衡感、对竞争的恐惧感，以及嫉妒心理、攀比心理和报复心理等，会导致大学生产生大量心理问题。这既容易引发人际关系的紧张与恶化，引发不道德行为和不正当的竞争，又无法形成健康的竞争心理。高校要在高校思想政治教育中通过心理咨询方法，帮助大学生进行心理调适，解决心理问题，提高心理素质和心理承受力；要通过帮助大学生加强心理平衡与协调意识的培养以及能力的训练，提高他们自我认识、自我学习、自我调节、自我平衡、自我评价的能力，从而为竞争环境的创设和扩展提供良好的心理保证。

其次，高校要加强主导性与目的性的引导，为大学生在竞争环境中的发展提供方向保证。目前，意识形态领域的"趋同"论、经济领域的"唯利"论、价值领域的唯"物"论、道德领域的"自私"论、文化领域的"西化"论、信息领域的"虚拟"论等是竞争环境中存在的一些不正确的思潮。既然自主性与主导性是竞争环境健康发展的必要保证，在这种多元价值取向和多元文化并存的环境中，高校思想政治教育必须积极发挥其正确的导向功能。高校必须引导大学生正确认识道德在竞争环境中的价值和必要性。世界经济发展的实践表明，道德精神是促进经济增长、增强市场主体的竞争实力和经济效益的重要因素，经济领域的竞争，各种利益的协调，除了行政、法律的手段外，还必须借助于道德的力量。只有当人们具有竞争的道德意识，才会真正明确竞争的目的，正确处理竞争中出现的种种问题。高校还要加强公民道德教育，教育和引导大学生守法、守纪、守诚、守信、守德，做到公平竞争、以义求利，能够按照正确的伦理原则指导学习与研究。

最后，培养大学生的竞争意识与合作精神，高校应采用渗透性、潜在性、强化性和优化性的教育方式。所谓渗透性、潜在性，就是把高校思想政治教育所倡导的社会主义意识形态、正确的价值观和发展观潜移默化地渗透到竞争环境中去，由显性教育的方式转为隐性教育，寓教于环境，起"润物细无声"的作用。所谓强化性，就是在制定竞争原则和竞争规范时，明确公平正义的原则，强调守法、守纪、守诚、守信、守德的规范，制定竞争的基本道德要求，从而使高校思想政治教育在竞争环境中起引领作用。所谓优化性，就是对竞争环境中的不健康、不道德的行为和风气加以克服与净化，将优秀的精神文化、良好的道德风尚融合到竞争环境中，同时提高大学生的主体性，使之加强对竞争环境的鉴别力、选择力和改造力。只有这样，高校思想政治教育才能有效地培养大学生的竞争意识与合作精神。

三、培育大学生的人文精神与科学精神

近代以来的高等教育是以近代科技为核心内容的，其专业教育指向的是自然世界，是对自然的操纵和利用。究其实质而言，近代高等教育是大工业生产和科学技术革命的产物。在高等教育中，新的学科和学习内容被引进，数、理、化、工逐渐占据高校讲堂的中心。高校作为大工业生产的劳动力培养基地，作为科学技术研究和开发的信息库和人才库，对近现代社会生产和科学技术的发展起到了极大的推动作用。科学教育的重要性越来越引起人们的关注。科学精神作为人类文明的崇高精神，它表达的是一种敢于坚持科学思想的勇气和不断探求真理的意识，它具有丰富的内涵和多方面特征，具体表现为求实精神、实证精神、探索精神、理性精神、创新精神、怀疑精神、独立精神和原理精神。这些精神正是当代大学生个体发展所必需的，因此也是高校思想政治教育所要倡导和弘扬的。

人文精神是指人类对人的探求和对人世活动的理想、价值追求人文精神是整个人类文化所体现的最根本的精神，是人类文化生活的内在灵魂。它以追求真善美等崇高的价值理想为核心，以人的自由和全面发展为终极目的。人文精神教育是现代教育的重要组成部分，是素质教育的根本。

高校以培养人才为天职，关心人的解放、人的完善、人的发展是高校存在的意义。高校的人文精神是经过长期的历史积淀，在不断的发展演绎过程中形成和发展起来的，有着稳定而丰富的内涵。它体现了对人的价值和生存意义的关怀，同时又以价值观念和行为规范的形式约束着大学生的行为，显示着高校不同于其他机构的气质特征。可以说，高校所弘扬的人文精神主要

是指在处理人与自身、人与他人、人与社会和人与自然的关系中所持的正确价值观，以及建立在这种价值观基础上的行为规范。这种人文精神教育在大学生的人格塑造、文明行为养成等方面起着重要作用。切实加强人文精神教育是大学生全面发展的需要，是高校思想政治教育的重要内容。

四、促进大学生全面协调发展

大学生的全面发展，有物质的因素、技术的因素，也有精神的因素。在现阶段，影响和制约大学生自由而全面发展的因素也是多方面的，有物质的，有技术的，也有精神的。在生产力和物质文化有了长足发展，高校建设不断壮大和完善的条件下，大学生精神方面的制约因素显得越来越突出。归纳起来主要有两种表现：一是对社会发展认识不足，缺乏理想，只讲物质利益，只讲金钱，不讲理想，不讲道德。二是社会上还存在一些带有迷信、愚昧、颓废、庸俗等色彩的落后文化，甚至还存在一些腐蚀大学生精神世界、危害社会主义事业的腐朽文化。现实生活中，精神方面的制约因素远不止这些。这些现象已足以给大学生的发展造成重大危害，甚至使支撑大学生整个世界的精神支柱彻底坍塌。要抵制这些因素对大学生精神大厦的腐蚀，必须加强和改进高校思想政治教育，发挥高校思想政治教育促进大学生全面、协调发展的强大功能。高校思想政治教育可以为大学生的全面、协调发展提供精神支持。

五、培养大学生健康个性

改革开放以来，大学生思想上的独立性、选择性、多变性与差异性都在增强。面对这些变化，一些高校观念滞后，在高校思想政治教育中，往往只强调主流思想，强调灌输和威压，强调整齐划一，把学生放在了对立的位置上。这种居高临下的"教育"，造成学生的逆反心理和对抗情绪，与教育初衷背道而驰。当前，高校思想政治教育应当转变观念，倡导健康的个性教育，把健康的个性教育作为高校思想政治教育的出发点和最终归宿。

教育学界普遍认为，个性是在一定的生理与心理素质基础上，在一定历史条件下，通过教育对象自身的认识与实践，形成和发展起来的个体独特的身心结构及其表现。如果大学生个性各系统发展均衡、协调，而且都达到了较高的层次水平，知、情、意统一，自我调控能力较强，内心冲突较少，就能够较好地适应社会，并表现出良好的创造性。这种个性就是一种健康的个性。高校思想政治教育应该是一种健康的个性教育，它应当着眼于发展大学生的心理品质，形成完整和健全的心理结构，即形成一种健康的个性。

第四节 高校思想政治教育内涵的延伸

一、引导大学生认识基本国情与基本世情

当前，人们受各种思想观念影响的渠道明显增多，程度明显加深，思想活动的独立性、选择性、多变性、差异性明显增强。当代大学生更是思想敏锐、勇于进取，思想观念趋于多元化，在各种社会思潮的影响下，往往表现出较强的事业心、责任感，但有时也会表现出良莠不分、社会责任感不强的弱点。针对这些复杂的现象，我们不能简单地肯定和否定，而应结合我国社会主义初级阶段的基本国情和当前国际形势，对大学生开展国情与世情教育，让他们认识到，只有社会主义才能使中国强大起来，激发学生树立为建设社会主义现代化强国，为人类作贡献的紧迫感、使命感和责任感。

在世情教育方面，除了加强世界历史与世界地理的教育，要着重引导学生认识当今世界和平与发展的时代主题，以及我国国际环境的复杂性。在 21 世纪，世界多极化和经济全球化的趋势在曲折中发展，科技进步日新月异，综合国力竞争日趋激烈。世界经济失衡加剧，能源资源压力增大，生态环境问题突出，贸易保护主义趋势上升，国际安全面临新的挑战。国际大环境对我国发展既有许多有利条件，也有不少不利因素，要求我们党准确把握人类社会发展规律，进一步推动建设和谐世界，为中国实现可持续发展创造所需要的外部环境；要求我们党抓住机遇、加快发展，在未来的发展中赢得更多的主动，在复杂多变的国际格局中始终立于不败之地。这是我们党面临的国际局势变动的新考验。

二、培养大学生的民主意识与法治精神

民主与法治是现代国家的基本特征，也是中国特色社会主义的本质属性之一。培养大学生的民主意识与法治精神，是高校思想政治教育的主要任务之一。民主意识与法治精神教育，是当代高校思想政治教育的重要内涵。

首先，高校思想政治教育要致力于培养大学生健康的民主观念。民主观

念是现代国家公民的基本素养。我国是社会主义国家，我们培养的人才更应当具有民主的素养。高校思想政治教育要致力于培养现代国家合格公民，培养当代大学生健康的民主观念。众所周知，大学生作为青年群体的一部分，思想活跃，爱国热情高，参与国家政治生活的愿望强烈，向往民主。这种热情和愿望，如果引导到社会主义法治的轨道上，就会成为推进民主政治建设的一种积极因素。相反，如果缺乏正确的民主意识和清晰而牢固的法治观念，不懂得参与民主政治必须依照法律的规定和法定的途径，分不清社会主义民主同极端民主化和无政府主义的界限，就容易给社会带来动乱和危害，而且也违背了大学生的良好愿望。通过法治教育，可以使大学生学习到法律基本知识，增强法律意识，形成正确的民主意识和牢固的法治观念，从而通过正确的途径和方法表现自己的爱国热情，实现自己的政治愿望。

其次，高校思想政治教育要致力于培养大学生的法治精神。我国的社会主义法律是根据国家的经济、政治和社会各方面的需要，依据经济运行规律和社会历史发展规律制定的，是保证社会稳定和社会发展的重要武器。法律作为广大人民群众管理国家、建设国家的重要武器，为大学生投身社会实践，行使主人翁权利，提供了可靠的法律保障。它指导和规范着人们的社会行为及其方向，它明确地赋予人们所享有的权利和应当承担的义务，保护着青年大学生所享有的种种权利。它为青年大学生的成长开辟了广阔的天地，保护着他们健康成长。谁要是侵犯了青年大学生所应享有的权利和利益，大学生可以拿起法律武器，依靠法律的保护而重新获得这些权力和利益。另一方面，大学生也要遵守国家的法律与制度，做知法守法的公民。必须要让大学生清醒地认识到，只有维护国家法律的尊严，才能赢得自己的尊严，才能在社会上正常发展。大学生作为有知识的群体，是国家未来的栋梁，他们是否具有法治精神，很大程度上影响着中国特色社会主义的法治进程。加强对当代大学生的法治教育，是高校思想政治教育的重要任务。

最后，需要指出的是，社会主义民主政治并不是依靠行政命令就能推行的，最终还要取决于人们民主意识、法治意识和政治素质的提高。只有提高人们的民主意识、法治意识和政治素质，他们才能够有序、有效地参与社会主义政治生活。当前，高校思想政治教育对大学生的政治素质教育相对突出，对他们的民主法治教育相对不足，这与社会主义政治文明进一步发展的需要是不适应的。

三、认识形势与政策

形势与政策教育是我国高校思想政治教育的重要内容和重要形式，无论是从帮助大学生正确认识国内外形势，掌握党和国家的路线、方针和政策，从培养学生正确运用马克思主义的思想观点分析问题、解决问题等方面，还是从开阔学生视野，拓宽学生知识面，弘扬科学精神等方面，形势与政策教育都显示了其独有的作用与地位。其受重视程度也随着时间的推移、形势的变化而不断得到提升：从提出形势与政策教育应当列入教学计划，到决定在高校思想政治教育课程中设置形势与政策课程；从把形势与政策课程的管理纳入思想品德课的课程管理体系、列入大学教育全过程、规定保证平均每周不少于一个学时、实行学年考核制度、成绩列入学生成绩册，到对高等学校学生形势与政策教育的地位、作用、做法等提出了更加明确、更加系统、更加规范的意见，我们不难看出党和国家对加强高等学校学生形势与政策教育的重视程度。

四、高校日常事务的思想政治教育

高校的思想政治教育是一项长期的工作，不可有丝毫的松懈。为此，高校的思想政治教育必须做宽、做细、做深、做久，使之变成大学生日常生活的一部分；必须时刻关注大学生日常学习与生活中出现的每一个实际问题，力争将高校思想政治教育与大学生的学习与生活紧密结合起来，使高校思想政治教育无处不在、无时不有，这就是高校思想政治教育的生活化。注重日常生活中的思想政治教育，是高校思想政治教育的重要内涵。

大学生的日常生活是丰富多彩的，高校的日常事务是纷繁复杂的。做好高校日常事务中的高校思想政治教育，需要从多个层面入手。首先，课堂教学是高校基本的实践活动。要充分发挥思想政治理论课在高校思想政治教育中的主渠道作用，同时要充分发挥哲学社会科学课在培养大学生的人文精神中的作用，充分发挥各类自然科学课程在培养大学生的科学精神中的作用。其次，学生日常事务管理是高校正常运行的重要环节。要在学生日常事务管理中渗透思想政治教育，实现管理与教育相结合，需要加强制度建设。制度化是任何工作走向正规化、科学化的必经之路。高校日常思想政治教育制度化，既包括日常管理工作制度化，也包括专职队伍建设的制度化。第三，丰富多彩的校园文化是大学生日常生活的重要组成部分。加强校园文化建设，才能为大学生的成才创造良好环境。校园文化建设首要的是加强校风、教风和学风建设，重点在于培育民族精神和大学精神，形成有自己学校特色的教风和学风。

第二章 高校思政教育的内容

第一节 高校思政课的基本内容

一、中华民族传统美德教育

（一）有强不息教育

"自强不息"这个词语最早出现在《周易》中，"天行健，君子以自强不息"，它是从中国古代"天人合一"的宇宙观和朴素的人文思想中孕育发展出来的人民群众的心理素质和精神状态，它根植于中华民族的文化传统之中，是中华儿女发奋图强，自立于世界民族之林，实现民族伟大复兴的精神动力。从历史角度来看，人类的发展，文明的进步，是永远不会终结的；而人对自然、社会发展的认识，以及在此基础上形成的永无止境的向上努力、自重自信自强的精神，成了最适应现代社会发展需要的民族精神的突出表现。对大学生进行自强不息教育的目的，就是要使大学生志存高远、刚健有为、不怕困难、积极向上、奋发图强。

（二）忧患有省教育

忧患意识可以说是一种责任意识，它是个体履行应当承担的社会责任并努力维护社会正常运行的信念和意志。这种意识是个体在社会分化和社会整合中必须拥有的，要求人们在市场经济发展过程中敢于承担风险、敢于再创辉煌，把国家、民族的生存发展放在心上，还要求他们树立以天下为己任的历史使命感，维护国内安定、发展、团结、进步的稳定局面，保持积极进取、艰苦奋斗的昂扬斗志，以自身的行动去实现社会发展和民族振兴。

中华民族的优良传统远远不止这些，物物相依的集体精神、不畏强权的抗争精神，还有生生不息的变革精神、经世致用的实用精神、正道直行的廉洁精神、大公无私的奉献精神，等等，都是祖先遗留给我们的珍贵的精神财富，加强对大学生进行这些中华民族的优良传统精神教育，会在不同的层次、不同的侧面锻炼他们的意志，完善他们的人格，提升他们的精神。

（三）中国革命传统教育

中国革命传统主要是指中国共产党在领导中国人民进行长期的革命斗争的过程中产生的，并在我们党大力提倡和培植下形成并发展起来的事迹、思想、作风、道德、信仰，等等，它是共产党领导下的中国革命斗争实践的产物，是我党克敌制胜的传家宝，这一优良传统有着极其丰富的内容。

第一，中国革命历史和革命者英勇奋斗的事迹是革命传统教育的基础，革命者的事迹、中国革命的历程虽然不能直接等同于革命传统，但却是革命传统的载体，是进行革命传统教育的基础。

第二，中国革命产生和形成的思想、道德和作风，是属于精神上或者是思想意识上的，是革命传统精神教育的核心和重点内容。

第三，在中国革命中形成和确立的纪律和制度，也是革命传统教育的重要内容。

在高校进行革命传统教育的过程中，要结合不同的形式，依靠不同的载体，培育和强化大学生追求真理、矢志不移的奋斗精神；全心全意为人民服务、甘为孺子牛的公仆精神；大公无私、先人后己的牺牲精神；紧紧依靠群众、永不脱离人民的团结精神；不唯书、不唯上，一切从实际出发的求实精神；勇于自我批评、严于解剖自己的自律精神，等等。通过这些革命传统的教育，使大学生的思想境界得到升华和净化，促使他们成为一个高尚的人，一个有道德的人，一个有益于人民的人，并在奋斗、奉献中使自己的人生价值得到升华和实现。

二、理想信念教育

理想是人们在现实实践基础上形成的有实现可能的对未来发展前景的设计和想象。信念是为了实现这一理想而在内心形成的高度认同和持之以恒的内在动力。理想分为个人理想和社会理想，不管是个人理想还是社会理想以及由此而形成的信念，都能为人指明前进的方向，提供强大的精神动力，鞭策人们奋发图强。大学生是青年人的代表，是青年中拥有现代科学知识的群体，是建设社会主义现代化国家的中坚力量。大学生的成长成才离不开正确的个人理想信念的确立和社会理想信念的指引。只有有了理想信念的支持，大学生才能在国际社会纷繁复杂的环境中保持正确的政治方向，才能不断地激发出更多的建设热情，才能更好地为社会发展贡献力量。在我国现阶段，建设中国特色社会主义，把我国建设成为富强、民主、文明、和谐的社会主义现代化国家是我国各族人民的共同理想，实现共产主义是最高理想。而中国特色社会主义共同理想和共产主义最高理想的确立建立在马克思主义对人类社会一般规律的认识和把握基础上，要使大学生深刻认识共同理想和最高理想，必须学习马克思主义基本理论，坚定马克思主义信念。

三、道德规范教育

（一）道德规范教育的作用及特点

道德规范教育是帮助大学生了解正确处理个人利益与他人利益、个人利益与集体利益关系的行为准则的教育，并在这些行为准则的指导下，将这些准则外化为实际行动和道德习惯。道德规范教育是一种养成教育，它实质上是教导一个人如何成为一个真正的"人"，如何安身立命，这是一种最基本的教育，只有在这一教育的基础上，才谈得上其他的教育。道德规范教育是政治教育、思想教育的起点，只有搞好基本的道德教育，才有可能培养具有正确政治思想、科学世界观的社会主义新人。正如儒家所倡导的"修身、齐家、治国、平天下"，只有自己有了很高的道德修养，才能谈得上报效国家，造福社会。

（二）道德规范教育的内总

1.以为人民服务为核心的教育

为人民服务也是公民应尽的义务。对他人提供必要的帮助和关心是公民应尽的责任和义务，也就是说，我们在接受他人和社会给我们的服务时，也应尽自己的所能为他人和社会服务，并在服务他人、服务社会的过程中实现自己的个人利益和人生价值。在新的形势下，必须继续大张旗鼓地倡导为人民服务的道德观，把为人民服务的思想贯穿于各种具体的道德规范之中。要引导人们正确处理个人与社会、竞争与协作、先富与共富、经济效益与社会效益等关系，提倡尊重人、理解人、关心人，发扬社会主义人道主义精神，为人民为社会多做好事，反对拜金主义、享乐主义和极端个人主义，形成体现社会主义制度优越性、促进社会主义市场经济健康有序发展良好道德风尚。

2.集体主义原则的教育

集体主义是社会主义道德的根本属性，体现在社会主义道德规范体系各个方面。在社会主义初级阶段，集体主义包含以下三个层次的道德要求：

（1）从个人和小集体利益出发，兼顾国家和社会整体利益；

（2）从国家、集体利益出发，兼顾个人利益；

（3）在三者利益发生矛盾时，自觉牺牲个人和局部利益，以维护国家和整体利益。

这三种层次体现了由低到高的三种道德境界，与社会主义初级阶段的现实相适应。在三者利益发生矛盾时，自觉牺牲个人和局部利益，以维护国家和整体利益是集体主义的最高境界，是社会主义道德的核心。集体主义原则是适应社会主义政治、经济制度发展规律而提出的道德原则，加强思想政治教育必须要贯穿集体主义原则的教育。

3.公民基本道德规范教育

道德规范是人们根据一定社会的道德要求所制定的具有普遍约束力的行为规则与标准。道德规范是在人们的道德活动与道德意识的基础上形成与概括出来的，它源于对人们道德行为的指导，又指导着人们行为的道德化。公民道德是我国社会主义道德体系的基础，是社会主义道德大厦的基石。

四、爱国主义教育

（一）爱国主义教育的作用

爱国主义教育在思想政治教育中有重要的作用。第一，有助于大学生培养高尚的道德情操。爱国主义是一种高尚的道德情感，这种情感集中表现为对祖国的山河、同胞、物质财富和精神财富的无限热爱；对祖国历史、文化、语言和优良传统的高度的自豪感；对祖国前途、命运的无比关心；将个人的前途命运与祖国的前途命运紧密联系在一起，为祖国的独立富强而宁愿奉献一切的志愿。爱国主义又是一种道德规范，它要求人们把爱国、报国、救国、兴国、强国看成崇高的美德，而把卖国、辱国、祸国、乱国、叛国视为对祖国和民族的丑恶行为。第二，有助于大学生坚定中国特色社会主义的信念。今天我们讲爱国主义，不仅仅表现为热爱祖国的山河、历史和文化遗产，而且更重要的表现为热爱我们的社会主义制度，热爱中国共产党及其领导下的各族人民，热爱社会主义现代化建设，维护国家的团结统一。在当代中国，爱国主义与爱社会主义在本质上是一致的。爱党、爱国、爱社会主义是统一而紧密联系的整体。在改革开放与现代化建设的新时期，建设中国特色社会主义是爱国主义的必由之路，在大学生中开展爱国主义教育可以使大学生更加热爱社会主义，热爱中国共产党，有助于使大学生把个人的前途命运与祖国的前途命运紧密联系在一起，为国家的独立富强尽心尽力地付出与奉献。

（二）爱国主义教育的内家

爱国主义教育的内容主要包括以下四个方面。

1. 中华民族发展历史

历史是不能割断的，只有懂得历史才能正确地了解现在和展望未来。我们要讲中华民族发展史中的曲折，更要讲近百年来我国的屈辱史，讲现代中国革命史，讲中华人民共和国的艰苦创业史，使人们懂得，特别是使青少年懂得，新中国来之不易，社会主义建设成就来之不易，让人们知道我们国家有今天，多少先烈付出了鲜血和生命，亿万人民进行了多么艰巨的劳动。还应当注重讲杰出人物个人的历史，讲杰出人物、英雄模范的奋斗史、贡献史。因为这样的史料最真切、最实际，也最感人，同时又包含着这些人物的世界观，也最容易引人效法、学习，具有潜移默化的作用。学习革命先烈为了共产主义的实现而不惜抛头颅、洒热血的精神，学习新时期各条战线上涌现出来的先进人物和事迹，能够使大学生更好地认识过去，立足现在，展望未来。

2. 中华民族优秀传统文化教育

中华民族是一个有着五千年悠久历史的伟大民族，我们的祖先通过世世代代的辛勤劳动创造出了光辉灿烂的历史文化，这是我们中华民族的历史瑰宝，是对大学生进行爱国主义教育的重要内容。古老的《书经》中，周武王在《泰誓》里就提出"民之所欲，天必从之"的思想，强调要尊重人民的意愿和要求。古老的《周易》和《老子》充满辩证思想，至今为世界许多国家所研究和运用；而《孙子兵法》和我国古代其他许多兵家的著述，至今被许多国家的军事学院定为必读书，而且被广泛应用于企业和市场竞争，显示出它们的无限生命力。在近代，我们落后了，但在中华人民共和国成立不久，我们自力更生制造出"两弹一星"。我国在尖端科学、尖端医学等方面，有许多重大突破，居于国际领先地位。'在当代，随着全球化浪潮的兴起，具有不同历史传统和民族特色的文化之间的碰撞和交融将更加广泛、更加频繁、更加激烈、更加深入。一个国家在全球化浪潮中能否保持其优秀民族文化，不仅关系到本民族文化的生存与发展，还关系到国家的命运和前途。特别是一些西方国家借全球化之际，凭借其雄厚的经济实力和信息高科技优势，打着"文化全球化""文化一体化"的旗号，大肆推行文化殖民主义，以达到损害别国本土文化的目的。因此，我们引导大学生继承和发扬中华民族优秀文化传统，培养大学生对民族文化的热爱和认同，增强大学生的民族自尊心、自信心和自豪感，使大学生在西方文化霸权主义面前，自觉保护和弘扬本民族文化，维护国家的利益。

3. 国家安全教育

当前世界形势动荡不安，地区冲突、局部战争此起彼伏，恐怖活动日益猖獗，给世界和平带来了诸多不稳定因素。在新时期必须加强大学生国防意识教育和国家安全教育，并将此作为爱国主义教育的重要内容。爱国主义教育与国家安全教育有着十分密切的联系，爱国主义教育是国家安全教育的核心和灵魂，国家安全教育是最生动、最实际、最有效的爱国主义教育。国家安全、国防意识，本质上说也体现着国家意识、国家观念。没有国家安全意识也就没有真正的国家意识，也就很难产生真正的爱国主义情感；没有国防观念，也就很难从理性的高度把握科学的国家观念，因而也就很难使朴素的爱国主义情感向科学和理性的层面升华。随着经济全球化的不断深入，国家安全的内涵与以往相比也有了很大不同，不仅包括政治、军事安全，而且更突出了经济安全同时又包含科技、文化、信息安全。因而，我们应顺应时代要求，提升与拓展国防教育，树立大国防观念，进行大国防教育，培养科学的国家安全意识。

4. 民族平等团结教育

中国是一个多民族国家，对大学生进行深入的民族平等团结的教育对维护民族团结和国家稳定是非常重要的。我们国家共有 56 个民族，虽然各民族的人数有多有少，并不均衡，但是各民族之间相互依存，不可分割，并无高低贵贱之分，每个民族都享有相同的权利，履行相同的义务，在进行这一项教育的过程中，首先要让他们明白 56 个民族都是优秀的、勤劳的、富有智慧的民族，民族之间没有优劣之分、贵贱之别，谁也离不开谁，各民族都享有平等的权利、履行相同的义务；还要让他们明白只有加强民族团结，才能消除民族隔阂和民族歧视，真正地实现平等。民族团结也是实现国家统一的前提和保证，要让他们了解到民族平等和民族团结是社会稳定、国家昌盛和民族共同繁荣的基础，中华民族是一个同呼吸、共命运的整体，合则兴，分则衰。其次，对大学生进行民族区域自治制度教育，旨在对他们进行民族基本制度教育，在国家的统一领导下，少数民族在聚居的区域内设立自治机关，自主地管理本民族本地区内部事务，行使自治权，从而体现其主人翁地位，发展平等、团结、互助的社会主义民族关系。民族区域自治制度是实现民族平等、民族团结和各民族共同繁荣的制度保障。再次，对大学生进行各民族共同繁荣的教育，要让他们认识到民族地区的现代化与全国其他地区的现代化、民族地区全面小康的实现与全国其他地区全面小康的实现是密切联系、相互促进的，各民族的繁荣将使中华民族立于世界民族之林，各民族地区的繁荣将使整个国家的社会主义现代化实现；要让他们认识到各民族共同繁荣是指各民族在政治、经济、文化和社会等各方面得到全面发展进步，而不单单指某一方面；要使他们认识到经济发达地区帮助少数民族和民族地区发展经济文化事业是责无旁贷的义务，从而实现共同发展。

第二节　高校思政课的主导内容

一、三观教育

（一）世界观教育

世界观教育主要是进行辩证唯物主义和历史唯物主义教育，核心是实事求是的观点和方法的教育。

1.树立彻底的唯物主义态度和观点

看问题一切从实际出发，绝不用主观意志和幻想代替实际和事实，尊重客观规律性，坚持从调查研究中得出结论，并坚持用实践检验和发展真理。

2.树立真正的辩证法思想

核心是联系和发展地看待问题，坚持联系的观点，就是要联系地看问题，不要孤立地看问题；要全面地看问题，不能片面地看问题。坚持发展的观点，就是要历史地、变化地看问题，不能静止地、僵化地看问题。将矛盾，特别是事物的内在矛盾作为事物发展的动力，善于在矛盾动力推动下，不断通过量变达到好的质变，在曲折中实现事物不断前进。

世界观作为关于世界的根本观点，是对认识世界和改造世界的根本看法。只有这个问题解决好了，我们才能有一个待人处事的正确态度、观点和方法，才能建立起正确的人生观。马克思主义的创始人以解放全人类、实现人类全面自由的发展为己任，并以此为核心建立起了科学的世界观。我们进行世界观教育，就是要进行马克思主义世界观的教育，这其中包括辩证唯物主义教育、历史唯物主义教育和马克思主义认识论的教育。

（二）人生观教育

人生观是人们对人生的价值、生活的目的和意义的根本看法和观点，是世界观在实践中的体现和运用。人生观具有鲜明的阶级性，什么阶级有什么样的人生观。共产主义的人生观就是无产阶级的人生观，它的核心是大公无私、先公后私和公而忘私。同无产阶级人生观相对立的还有资产阶级、小资产阶级的人生观。资产阶级人生观的核心是为自己、损人利己。小资产阶级人生观虽然同剥削阶级人生观有所不同，但在本质上都是个人主义的。我国大学生思想政治教育的一个重要任务，就是教育广大学生树立无产阶级的人生观，克服形形色色的资产阶级和小资产阶级的人生观。

（三）价值观教育

价值观教育主要是让教育对象搞清楚"什么是有价值，怎样才能有价值"。价值观的核心是价值观念、价值判断、价值选择等。科学的价值观认为，对社会、对国家、对民族、对人类、对他人有积极作用，就是有价值，反之就是无价值。积极作用越大，价值就越大。科学价值观提倡人们在满足社会、满足民族、满足人类、满足他人的进步需要中满足自己，实现自己的价值。价值判断必须坚持社会、民族、人类等价值优先的准则，只有这样，社会才能有一个相对统一的价值判断标准。科学的价值选择要求人们在人生奋斗过程中首先最大限度地实现社会的价值、民族的价值和人类的价值。

社会主义核心价值体系集中体现了社会主义意识形态的性质和方向，是社会主义思想道德建设的理论基础，是激励全民族包括大学生在内奋发向上的精神力量。因此，当前价值观教育的重点是让大学生深入理解社会主义核心价值观的科学内涵和重要意义，使他们将社会主义核心价值体系作为自己的价值诉求，并用其指导思想和行动。

二、法纪教育

（一）民主法制教育

民主法制教育是大学生思想政治教育的重要内容。它既是和谐社会的标志、条件和构建和谐社会的推进器，也是消除社会不公平和社会矛盾、促进社会公平正义的根本保障。提升国民的民主法律素质，特别是对大学生进行民主法制教育是构建民主法治的社会主义和谐社会的关键。

大学生是和谐社会的重要实施者和建设者，其民主法律素质直接关系到社会主义和谐社会建设的进程。对大学生进行民主法制教育，必须将两者结合起来。民主、法制是辩证统一的，民主是出发点，是法制的基础和价值体现，法制是民主的保障和手段，是民主的体现。同时，要以培养民主精神为主线，体现平等、助人和自由精神以及以法律信仰为核心，使自己懂法守法。在社会主义社会建设中，民主是实现社会和谐的重要条件，社会主义民主是社会主义和谐社会的制度之源，法制是社会和谐的基本保障。民主法制意识对大学生的政治观、价值观、行为模式的养成具有现实的指导作用。青年学生只有在提高文化素质的同时，提高民主法律素质，增强民主法制观念和社会责任感，提高民主决策和监督管理的意识，培养体现民意、保障民权的观念，提高依法办事、遵守纪律、清正廉洁的素质，才能成长为具有民主作风、法制观念和清廉之风的新一代后备力量。

（二）权利义务观念的教育

权利和义务是从法律规范到法律关系再到法律责任的逻辑关系的各个环节的构成要素。权利和义务是法律规范的核心内容。权利义务的规定性是法律内容的主要表现，它规定人们可以做什么，必须做什么，不能做什么。加强大学生权利义务教育，可从通过理论说服教育和行为规范教育来进行，通过思想政治理论课的法律专题教学，有针对性地对大学生进行正确的权利义务教育，培养大学生理性的权利和责任意识，教育大学生履行遵守法律、法规、学校的管理制度、行为规范、社会公德及尊敬他人、努力学习、缴纳学费等义务。我国现行法律和新修订的《普通高等学校学生管理规定》等不仅规定了大学生的权利，也规定了大学生应承担的义务和责任。如明确规定了缴纳学费及有关费用，按时偿还国家或学院为其提供的贷学金及助学金等义务，未按学校规定缴纳学费的不予注册（家庭经济困难的须办理手续后注册）等。

四、民族精神和时代精神教育

（一）民族精神

1. 团结统一

它是新时期爱国主义精神的一个重要方面，其时代要求就是要形成一种对社会主义中国、对中华民族的一种强大的向心力和凝聚力，要使中国的56个民族亲密无间，各阶层的广大群众同心协力，全国人民同心同德、精诚团结，以此构筑我们建设中国特色社会主义事业、和平统一祖国的强大精神支柱。"民族的团结""国家的统一"是中华民族在历史经验中培育的民族精神，也是我们建设中国特色社会主义事业、和平统一祖国的强大武器和精神支柱。

2. 爱好和平

爱好和平的民族精神是指一个民族在同其他民族的交往中，平等相待，友好相处，求同存异，团结和平，为了维护世界和平、促进共同发展而努力贡献的精神。它是中华民族以汉族为主的多民族长期共同生活和社会实践的文化积淀和结晶，成为中华民族的性格，在中华民族精神中有着特殊的地位。以和为贵是中华民族在为人处世中的一个基本准则。在各民族之间，强调要友好相处，要"和衷共济""和睦相亲"；在人和人的交往和相互关系中，强调要"和气致祥""和气生财"；在社会生活中，主张"政通人和"；在国与国的关系中，主张"协和万邦""和平共处"，反对一切形式的侵略战争，反对"以强凌弱""以众暴寡"，主张国家不分大小，都应当平等相待。

3. 勤劳勇敢

勤劳勇敢是指中华民族为了自身的存在和发展，在改造客观世界的过程中，勤勤恳恳、战天斗地的精神。它是中华民族在漫长的历史中，在艰苦的自然条件和严酷的社会斗争中锻炼和培育出的一种吃苦耐劳、艰苦奋斗、不畏艰险、勇于攀登、俭朴勤奋的不屈不挠精神。勤劳勇敢不仅贯穿于中华民族一切劳动和社会生活的各个领域，也体现在中华民族德行的各个方面。中华民族依靠这种勤劳勇敢的民族精神，创造了一个又一个的人间奇迹。坚持和发扬这一精神，就能够在极端困难的条件和环境下，迎着困难而勇往直前、顶着逆流而百折不挠，直到取得最后的胜利。在全面建成小康社会的新时期，弘扬"勤劳勇敢"的精神，有着尤其重要的意义。

（二）时代精神教育

时代精神是一个时代特有的、反映社会进步发展方向、引领时代进步潮流的精神，是一种超脱个人的共同的思想观念和行为方式，是时代文明（物质文明、制度文明和精神文明）内在、深层的精髓与内核，是对现代文明最高层次的抽象，它决定于代表历史前进方向的时代文明的客观的、本质的潮流和发展趋势，并积极推动时代政治、经济和文化发展。当前，我国的改革已进入攻坚阶段，改革的任务将更加繁重，改革的矛盾将更加凸显，支持改革、拥护改革应成为当代受教育者的自觉行动。因此，必须树立与改革相适应、与时代相契合的思想观念。当今世界，创新已成为一个国家不断发展、在国际竞争中取得主动地位的重要因素。江泽民同志指出："创新是一个民族进步的灵魂，是国家兴旺发达的不竭动力。"因此，要进行时代精神教育，必须培养大学生的创新精神和创新能力。

大学是培养人才的摇篮，是开发人才资源的基地。大学生思想政治教育担负着培养创新人才的重任，尤其要培养大学生自强不息的创新进取精神，使他们具有明确而坚定的目标、强大而持久的精神动力、顽强而刚毅的意志；具有不畏艰难困苦、不怕挫折失败的勇气与精神。

第三节 高校思政课的拓展内容

一、创新教育

（一）创新教育的重要性

1.时代发展的需求

创新型国家，科技是关键，人才是核心，教育是基础。要进一步营造鼓励创新的环境，努力造就世界一流科学家和科技领军人才，注意培养一线的创新人才，使全社会创新智慧竞相迸发、各方面创新人才大量涌现。创新型国家需要创新型人才，创新型人才的培养在高校，因而高校思想政治教育的一项重要工作在于培养大学生的创新意识。建设大学的创新文化，首先必须明确大学的使命。《中华人民共和国高等教育法》明确规定："高等教育的任务是培养具有创新精神和实践能力的高级专门人才，发展科学技术文化，促进社会主义现代化建设。"从这个意义上说，高校要服从于建设创新型国家的需要，就必须担负起培养创新型人才的时代责任和历史使命，这是高校创新文化的根基。所谓创新教育，就是指以培养人的创新精神和创新能力为基本价值取向的教育实践。其内涵是创新意识、创新思维、创新技能、创新情感和创新人格的培养。创新教育以全面提高学生的能力为根本目的，以尊重学生主体和主动精神、注重开发人的智慧潜能和形成人的健全个性为根本特征，创新教育是高等教育发展的必然趋势。

2. 高等教育改革的需求

高等教育要培养创新型人才，关键就是要注重培养大学生的创新精神和创新能力。传统教育重视传承理论知识，轻视实践能力的培养，潜在地压抑了学生创新素质的发展。高校必须通过教育启发学生的创新意识，塑造学生的创新人格，锻炼学生的创新能力，营造良好的创新环境，促进知识经济时代大学生创新能力的培养，突破传统教育模式的束缚，深化高等教育改革。

3. 大学生成才的需求

知识经济时代，要求我国大学生具有更高的创新能力，具备更高水平的独立思考能力、应变能力和创新能力。对大学生来说，这是挑战也是实现自我全面发展的机遇，大学生只有具备了较高的创新素质，才能实现报效祖国的美好愿望。

（二）大学生创新教育的现状

1. 对创新教育的重要性认识不足

目前，人们对经济的认识还局限在商品与市场的竞争上，忽略了知识经济时代最激烈的竞争是创新型人才的竞争。由于创新能力教育至今尚未形成社会共识，创新教育地位不高，很多高校对创新教育的重要性也认识不足，忽略了对学生创新精神和创新意识的培养，导致了学生创新能力的缺乏。

2. 现有教学方式存在的弊端

在教学方式上，我国当代教育在创新教育方面存在的弊端主要体现在课程教学内容和课程结构两方面。在课程教学内容方面，部分课程教学内容陈旧、老化，不能反映科学文化发展的最新成就；在课程结构方面，课程结构不合理，文理分科过细，导致学生知识面狭窄，阻碍学生创造性能力的发展。这种以教师讲授为主的灌输性教学方式忽视学生主体性、积极性和创造性的发挥，不利于学生创新素质的养成。我国现有的教学模式，应试成分过重，在教学实践中强调知识的汲取、学习的方法高度统一，不提倡学生发散思维。长期以来，高校评价学生的标准主要是考试分数，这种考试往往只检查学生对知识的记忆程度，而不检查学生对知识的创新能力，导致学生片面追求成绩，忽视其他能力的培养，致使部分学生"高分低能"或"高分无能"。

3. 缺少创新型教师队伍

创新型人才需要培养创新型教师队伍，创新教育的主导是创新型教师队伍。目前整个教师队伍的素质有待提升。教师的创造性不强，影响学生创新能力的发展。教师需要在传统教学技能的基础上掌握现代教学技能，需要把自己从专科型的教师转为通识型的教师，把知识的传递转为知识的引导，把知识的复制转为知识的创造。这是知识经济时代对教师综合素质的要求。

4. 实践教学环节薄弱

高校的教育偏重于理论知识的积累，容易忽视实践能力的培养。虽然近年来许多高校安排了更多的社会实践，增强了学生的实践能力和动手能力，但少有科学探索性的尝试。大多数大学的实验室没有对本科生开放，科研课题研究没有吸收本科生参加，缺乏创业实验区，大学生参加社会实践受到诸多因素的困扰等，因而大学生的创新能力得不到进一步的提高，或停留在口头上。由于存在这些问题，目前我国高校创新人才的培养处于相对滞后状态。

（三）创新教育途径

1. 转变教育观念，树立创新意识

21 世纪，综合国力的核心是创新能力。我国由于自身教育体制的发展原因，国民整体素质与发达国家的相比还有很大差距。英国历史学家汤因比研究过 21 种在历史上曾经出现过、后来相继消亡的文明得出的结论是：这些文明消亡的原因，无一例外，都不是他杀，而是自杀。它们失去了创新的活力，被历史淘汰出局。创新教育是教改的趋势，树立创新教育观念是大学生创新教育的第一步。高校教育工作者要把学生当作学习的主体，将教育观从陈旧的传统的知识型教育转到先进的学习研究创新型上来，以人为本，建立创新型的价值观、学习观、人才观、课程观、教学观和评价观，以培养具有创新意识、创新思维、创新技能的大学生为教育目标，培养有创新能力的大学生。

2.重塑学科体系，打造创新人才

（1）注重教育的综合性和完整性

突破专业壁垒，改变过去专业设置过细的现象，建立文理相结合的专业，培养学生适应时代发展的能力素质。通过课程教学改革，确立有弹性的教学管理制度，大量开设选修课、社会实践课，让学生自由地选择课程。建立开放式课堂，允许学生跨专业、跨年级学习课程引入灵活的学习方式，把自考和成人高考的学习方式引入大学生培养当中，允许学生自学参加考试获得相应学分。

（2）高校创新教育要改革传统的考试制度

建立科学的招生、考试制度，使这种制度有利于选拔、培养个性突出、有创新意识和创新思维能力的优秀人才。要建立以测评学生创新能力发展为核心的教育评价机制。考试方法要灵活，把口试、笔试、平时发言、案例分析、做论文、科学实验、社会实践、第二课堂等结合起来，既考核学生对理论知识的掌握，又考核学生分析问题、解决问题的能力，充分发挥学生的主观能动性。学生综合素质测评体系应包括专业基础知识、思想道德修养、身心健康水平、文化技能特长和组织活动表现等各个方面，。

3.改进教学方法，培养创新思维

传统教学方法，单方面强调教师在教学过程中的主导作用，忽略学生在学习过程中的积极主动性。学生学习知识是单方面被灌输。学生学习的核心问题不是掌握知识，而是运用掌握的知识解决相应的问题。大学生创新教育发展要更新教学内容，改进教学方法，由知识"灌输"转向能力掌握，转向问题解决。如果按照过去的教学方式，创新教育只能停留在纸上。创新教育可以采用启发式和讨论式教学，采用发现教学法、问题教学法、讨论教学法、开放式教学法等，引导学生独立思考，培养学生的创新思维。创新型教学方法的特点是教师和学生角色的转变，由教师"满堂灌"转变为通过情境创设、问题研究、协作学习、意义建构等以学生为主体的过程，达到培养学生创新意识、创新精神和创新能力的目的。要把创新教育与教学过程、学科教学、课堂教学充分结合起来，把课堂教学作为实施创新教育的主渠道。

4.强化师资队伍，增加硬件投入

创造性人才的培养需要创新型的教师。创新型教师队伍应具有创新精神，有较强的创新能力，乐于在教学中从事创造性的活动，并能随机应变，深入掌握教材的内容，探索恰当的教学方法，达到教学过程最优化。创新型教师了解学生是创新教育的主体，他们创造条件，帮助学生发展创新意识、创新精神和创新能力。教师把大纲的要求与学生特点结合在教学过程中，因材施教，鼓励学生勇于质疑，培养学生的创新思维。高校扩大招生，使得高校现有的教学科研等硬件设施不能满足学生的需要。

5.改革教学模式，加强实践教学

实践教学是相对理论教学而言的，其侧重点在于知识运用能力的培养，内容包括实验、实习、实训、社会实践、课程设计、毕业论文（设计）、军训、创新创业活动、社会调查、科技制作、学科竞赛等。实践教学是高校教学改革的重点。一方面，高校应审视传统的实践教学方式，对原有的实践教学方式做出相应的改革；另一方面，高校应积极拓展新的实践教学渠道，通过校企合作、校际合作等方式，创新实践教学。实践是创新的源泉，它能激发学生的创新潜能，应加强实践教学环节，增加课外学时和实践教学的内容，形成实践教学的完整体系。建立实验基地，鼓励创新性社团的活动，激发学生的创新潜能。鼓励学生积极参与课外科技活动，对学生的创造发明成果，学校要给予扶持和奖励。

二、就业与创业教育

（一）树立正确的择业观与创业观

1.坚持正确的择业与创业原则

职业选择既是青年人进入社会阶层、成为社会成员的选择，也是实现个人人生理想的基本环节。大学生要以社会需求为基点确立择业目标，正确评价自我，走出择业误区。树立正确的择业观与创业观要依据下面的原则来进行。

（1）社会需要原则

作为单个人，在社会历史进程中，不可能绝对自由地实现自己的意向和愿望。这是因为，每个人的意愿不仅取决于个人本身，更主要的是取决于他们所处的社会生活条件。个人与社会相互依存，个人作为社会的一个成员，有他个人的需要；社会作为无数个人的集合体，也有社会的需要。所谓社会需要，广义地讲就是社会生存和发展的需要，如共存需要、储备需要、信息需要、生产需要、发展需要等。其中，生产需要最为重要，贯穿在各种社会需要之中。个人对职业的选择不可能脱离社会需要这个现实。显然，我们不能选择那些社会不需要或目前不存在的职业。择业者要从大局出发，服从国家需要。这是职业选择的第一原则，也是职业指导的任务之一。

（2）发挥特长原则

所谓特长，是指一个人区别于他人的特殊才能。一个人的特长是实现自身价值的资本，也是为社会做贡献的前提。发挥特长原则与社会需要原则并不矛盾，越是社会需要的岗位，越能为发挥个人特长提供条件和机会。特长最能反映一个人的职业能力，发挥特长是满足社会需要、为社会做贡献的最有效途径。

（3）可行性原则

选择职业仅考虑社会需要和发挥个人特长还不够，因为既符合社会需要又能发挥个人特长的职业并不表明个人就能从事和胜任。从事职业和胜任职业还受到许多其他主客观因素的影响，如就业政策、职业岗位、竞争程度、地理环境、职业信息、个人的生理条件、信念与毅力等。在现实生活中，人们面对诸多职业却不能实现自己的职业愿望，最直接的原因大致有以下三个方面：①职业期望值过高；②对就业环境缺乏全面了解；③个人的择业素质不足。

2. 正确创业观的基本内涵

（1）积极创业的思想准备

激情是一种催化剂，它能调动大学生创业的综合素质与各方面的潜能，在创业过程中得以充分发挥。

（2）创业的勇气

创业需要有信心，只要经过充分的论证，选准了的事情就要咬定不放，不动摇、不犹豫，勇于面对前进中的曲折和磨难；创业需要有恒心，要持之以恒，不怕各种挫折，失败了爬起来再干，终有一天会成功；创业需要有耐心，创业不是一帆风顺的，必然要经历一个长期积累、长期发展的过程，在不断熟悉社会、适应市场的过程中，才能驾驭创业的航船乘风破浪；创业更需要有知识，特别是高科技知识。创业最能体现人生价值和个人能力。创业不是坐享其成、因循守旧、因人成事。而是个人才智最大限度地发挥，把人的所有潜能都挖掘出来。创业有时候需要孤军作战，不被亲朋好友所认可，不被社会所认可。挫折、焦虑、愤怒、自卑、怀疑……种种感受像打翻了的五味瓶，什么都得品尝，什么都得体验。

（3）要提高创业能力

创业是一个系统工程，它要求创业者在企业定位、战略策划、产权关系、市场营销、生产组织、团队组建和财务体系等一系列领域有一定的知识积累。大学生有了好的项目或想法，只是代表"创业的长征路"刚跨出了一步。很多大学生，认为凭一个好的想法与创意就代表一定能创业成功，而在创业准备时对可能遇到的问题准备不充分或根本就没有思考对策与设计好退出机制，所以对来自各方面的反面因素浑然不知，从而导致一开始便遇到各种各样的难题，使创业还没有走出多远，即以失败告终。所以，创业者不是全才，但要着眼于全才。

（二）创业教育的途径和方法

1. 建立完善的创业教育课程体系

实施创业教育在课程体系的设置上应遵循一个原则，即各学科相互渗透，有效互补。一方面，除开设专门的创业教育课程外，更多的是结合现有的教学，在现有的课程中挖掘、开发、渗透创业教育的内容，从而加强对大学生创业意识的培养；另一方面，专业教育要与专业、学科优势相结合，可以以"挑战杯""创业大赛"等全国大学生课外科技竞赛为契机，把创业活动和专业、学科优势紧密结合起来。

2. 建立创业教育实训环境

创业教育实训环境是围绕创业教育而建立起来的不仅关注对大学生创业理念的培养和教导，更多的是指导他们如何创业、提高其创业技能的硬件环境或载体。

（1）成立创业社团，开展各种创业计划大赛等活动

创业社团可以通过举办"创业论坛""创业沙龙"活动，成立"创业者俱乐部"，开展学术报告、创业交流、创业教育课程讲座等活动形式，为培养学生的创业能力搭建活动平台。

（2）建立学校创业园

创业园是指为大学生提供的、帮助其自主创业的专门活动场所。斯坦福大学所在的"硅谷"就是典型的孵化器，硅谷中60%—70%的企业是斯坦福

大学的学生和教授创办的。闻名遐迩的雅虎公司，其创办者杨致远就是斯坦福大学的学生。创业园具有现代性、高新技术性和创新性等特征，通过提供基本的商务服务、中介增值服务和资本运作服务等营造良好的创业环境，来吸引高校中具有技术创新能力和科研成果的师生来开拓创业。高校可通过举办各种创业计划大赛选取优秀的获奖作品进入学校创业园。创业园是学生创业者将其创业计划变为现实的业务平台。学生先要提交一份商业计划书和一份完整的意向书来说明其创业计划并展现自己的创业能力，通过审核后可以获得一块创业场地，使用时间可以规定为一个学期。同时，为每队配备一名指导教师来协助企业的运行和发展。另外，创业园内需要两种支持组织，即智囊团和种子基金。其中，智囊团可由杰出的创业者，风险投资家，法律、管理、会计专家等组成，目的是在学生寻找创业机会时为他们提供咨询和辅导，并协助学生发展创意，确定商业模式和战略。种子基金可以为学生创办的企业提供初期资金，建立企业原型、网络安全设计、支付法律费用及吸引其他潜在投资者。有志于创业的创业团队都可申请到一定金额的创业基金。这样既为大学生运用所学知识、提高创业能力提供了条件，也为将来真正创业积累了必要的经验。

（3）把企业引进校园，为学生提供创业实训场所

大学生创业，不单单是高校和大学生之间的教与学行为，还应将企业请到校园中来，创新校企联盟的机制和形式，利用校企各自的资源和优势为大学生搭建一个创业实训的平台。现在很多高校也将企业家请进高校与大学生交流创业经验，如"企业家课堂"等，但多是局限于理论层面。而我们这里所说的"企业进校园"是指企业以多形式、多渠道的途径进入校园，可以充当大学生创业的指导者、培训者、评估者、激励者的角色，在项目和资金的支持下甚至可以做大学生的"老板"。高校可以把企业家请进学校做学生的"老师"，从理论和实践上指导和培训大学生；高校也可以把企业家请进校园做学生的"评委"，来评估学生的作品；高校还可以把企业家请进校园做演讲、办讲座，充当学生的激励者与榜样；当然高校也应该为企业家提供有利的政策与措施，大力鼓励企业家进校园办企业，这样企业可以获利，大学生也拥有了便利的创业实训机会，为大学生搭建了一个创业实训的平台。这样做的主要目的就在于让大学生获得企业在项目运行、财务管理、人力资源培训与

管理、市场调研、产品开发等多方面的实际操作能力。

3.建立创业支持系统

建立创业支持系统是指社会、学校以及与学校有密切联系的能为学生创业提供帮助或服务的支持体系。政府出台的各种优惠政策、企业的积极支持、各种创业基金、创业中心或协会、创业咨询服务、方便学生创业的教育体制等。

三、生命教育

（一）生命教育的含义

生命教育有广义与狭义两种：狭义的生命教育指的是对生命本身的关注，包括个人与他人的生命，进而扩展到一切自然生命；广义的生命教育是一种全人的教育，它不仅包括对生命的关注，而且包括对生存能力的培养和生命价值的提升。

生命教育的内容包括：

1.生存意识的教育

正确理解生命、生存和生活的内涵，也就是尊重生命、珍惜生命的教育。具体又包括生命安全的教育、生活态度的教育以及死亡体验的教育；

2.生存能力的教育

主要在于对环境的适应能力、抗挫能力以及安全防范和自救能力的提高；

3.生命价值升华教育

要重视培养大学生端正人生态度，认真生活，快乐学习和工作，还要注重大学生的审美教育，让大学生在审美的过程中体验人生的价值和意义。

（二）大学生的生命困境

1.生命价值观的偏离

生命观主要包括生命价值观、生命质量观、幸福观、死亡观等内容，其中，生命价值观是生命观的核心要素。只有树立了正确的生命价值观，人们才会正确地看待人生中的诸多问题。我国大学生对生命的主流价值观基本上是正确和积极的。但实际上又存在着不容忽视的价值观偏离现象，如对人生目标模糊、生命幸福感偏低、生命神圣感缺失、生活缺乏乐趣和意义、生命价值取向功利化、生命交往趋向封闭，对其他生命体缺乏信任、对未来缺乏信仰、自我中心主义严重，等等。

大学生生命价值观的偏离，很大程度源于大学生自我同一性建构的缺失。

自我同一性.是指生命个体将"理想的我"和"现实的我"、"主观的我"和"客观的我"相统一的过程，表现为个体的生命主观感受和外界客观评价相一致的程度。人的一生都在寻求这种同一性，这种寻求即不断"自我追问"的过程。大学生正处于自我同一性形成的关键时期，如果这一时期自我的同一性不能恰当地统合和构建，就非常容易产生自我的迷失感，甚至失去人生的动力和奋斗的目标。自我同一性对生命价值观的形成和正确生命行为的择取具有统合和引导作用。因此，如何才能引导青年大学生形成正确的自我同一性是生命教育的重要内容。为此，需要引导大学生确立人生理想，尝试各种可能，积极与人沟通，寻求支持系统，并保持自我发展的开放性和灵活性，从立体和多维的角度看待个体生命行为的绵延。

2. 生命承压能力的脆弱

大学生的压力与焦虑产生的最直接渊源便是人生的挫折。人生不如意之事常十之八九，每个人在人生的道路上总会遇到这样或那样的挫折。大学生面临的人生变化和选择相对较多，因而挫折感也更加强烈。不同的人经受同一强度的挫折，会有不同的反应。就像巴尔扎克所说的，挫折就像一块石头，对弱者来说是绊脚石，让你却步不前；而对强者来说，却是垫脚石，使你站得更高。这与他们抗挫折能力有关。挫折承受力是指个体适应挫折、抵御和对待挫折的一种能力。挫折承受力低的人，往往一遇到挫折就会陷入不良情绪的困扰中不能自拔，而不是积极地排解失败感，寻求解决的途径。大学生抗挫折能力普遍比较低。一些无足轻重的小小的挫折和打击，在他们眼里往往成为洪水猛兽3他们无力应对，难以承受，精神崩溃，意志消沉，自暴自弃，有的甚至对人生失去信心，误入歧途而放弃生命。因此，大学生的挫折承受力会影响他们对生活的体验和信心，从而影响他们健康生命观的建立。

3. 生命情感世界的危机

首先，情感具有两极性，即人们在一定情境中表现出的情感具有对立性——积极性和消极性。积极的情感能够激励人们去顽强拼搏，创造辉煌，而消极的情感则使人的意志消沉，对生活失去信心，降低人的正常活动能力。其次，情感具有稳定性。情感不是一种被动的内心体验，而是主动地调节积极和消极情感而达到一种稳定的平衡状态。长期处于一种过于亢奋或消沉的不平衡状态中并不利于人的正常发展。大学生已经有能力去调节自己的情感以使其保持稳定。再次，情感具有社会性。大学生情感可分为社会情绪和社会情操两部分。社会情绪是指大学生对社会现实和社会现象带有共同倾向的态度和行为反应，是大学生的感性认识；社会情操则是大学生在其社会化过程中逐步形成的对社会的深层次的情感体验，是大学生的理性行为。最后，情感具有感染性情感危机指当个体的高级需要长期得不到满足、突然被撤销或客观事物虽满足了个体的某种需要却与另一需要相矛盾，而造成个体一段时间内的混乱或不平衡的一种心理危机。大学生的情感需求可概括为爱与被爱（对父母的依赖、对教师的依赖、对异性的交往需要）和在社会中得到尊重与自我实现的需求，所以，个体情感体系包括亲情、爱情、友情、师生情和自我实现的情感。大学生情感危机是一个综合的概念，体现了大学生情感体系的无序和混乱状态。调查显示，大学生情感问题体现为亲情比较淡漠；渴望友情，但不会珍惜；责任感缺失；心理承受能力较弱。所以，大学生情感危机的内容可概括为亲情危机、爱情危机、友情危机、师生情危机和自我实现的危机等。此外，还有自卑、闭锁、抑郁、虚荣等心理问题既是容易导致大学生情感危机的原因，又是其表现。

（三）加强大学生生命昭教育的对策

1. 汲取家庭和社会资源，打造生活教育课程

生命来源于也归根于生活，生命教育就是一种生活教育。日常生活的世界是大学生充分展现其生命活动的场所，也是他们体验生命存在价值和寻求生命意义的舞台。大学生的日常活动场所包括家庭、学校和社会，由于大学生已经长大成人，走出家庭并逐渐走向社会，因此，社会生活对大学生生命教育的影响越来越深刻。大学生作为家庭、学校以及社会的一分子，必须在群体生活中找到自己的位置，在社会实践活动中追寻生命的价值，不断增强自己的社会责任感和使命感。因此，家庭生活和社会生活都是大学生生命教育最广泛的课程资源。大学生生命教育必须积极开发家庭生活和社会生活中的教育资源。如果大学生生命教育课程局限于学校封闭或半封闭的状态，脱离外部的实际环境，将无法满足生命主体的实际需要。所以，生命教育需要学校、家庭和社会形成三位一体的格局和育人模式，其中任何一方都无法唱"独角戏"。

（1）校本资源的设计与开发

生命既是一个完整的统一体，又是各具特色的个体。生命课程既要从生命的整体需要出发，设计共性的课程；又要适应生命的个性化需要，设计多样化的生命教育课程。学校是学生生活、学习和活动的主要场所，相对于生命课程系统而言，它是一个大的生态系统，相对于家庭和社会庞大的生命教育体系而言，它又是一个小的生态系统。因此，学校生命教育系统具有中介系统和转化系统的性质，连接着社会的宏观需求和学生的微观世界，它过滤和整合来自家庭和社会生活的资源信息，开发适合自身需求的校本课程，最终作用于学生的生命成长。因此，学校才是汲取家庭和社会尤其社会资源的主体。因此学校可以因地制宜开发适用于所有学生的统一课程，不同学科专业可以根据自身的实际情况，开设具有本专业特色的生命教育课程。我国城市和农村、东部和西部在经济、文化等方面存在显著差异，各个学校的社区环境、办学条件以及师生文化等方面也存在差别，因此，学校需要对影响课程实施的各种因素进行全面的、系统的思考，合理高效地利用社会资源，实现大生态系统内的各个生态因子的协同发展，关注课程生态系统的整体利益。

（2）家庭资源的互动与配合

生命教育不同于其他学科的教育，它更多的是一种综合性的教育活动。生命来自家庭并回归家庭，家庭伴随生命一生，不离不弃；家庭给生命以温暖和慰藉，是生命赖以存在和发展的亲情土壤和温情环境。家庭是最直接、最深刻、最丰富的和最触动心灵的生命教育资源。家庭教育可以使人更直接地体验亲情与责任，是人的个性和人格形成的首要条件和重要因素。因此，家庭与学校的积极互动与密切配合是很重要的，引导家庭参与生命教育，在家庭中营造生命教育氛围，可以巩固学校生命教育的成果。学校生命教育课程内容的选择应该是结合学生生命个体独特的家庭生活经历，与学生的日常生活建立直接的联系，理解学生的心路发展历程，从而引导学生超越家庭的自然亲情，正确理解生命共同体的内涵，做到由人及己和由己及人。大学生生命教育应重视家庭生命教育的力量，加强与学生家庭的沟通和联系，及时反馈学生成长的相关信息，从家庭寻求学生生命发展问题的根源因素，共同营造生命教育的氛围，做好生命教育的家校衔接，保护学生生命安全，促进其健康发展。

（3）社会资源的支持与保障

任何个体的发展都离不开社会环境。大学生生命教育同样离不开社会大环境的支持，很多国家的生命教育最初都是先由社会或宗教团体推动建立的。社会人士的热心参与和积极介入是生命教育得以发展的重要推动力。

2. 开发生命教育人力资源，形成生命教育对话机制

（1）生命教育师资队伍的建设

目前，由于生命教育在我国教育领域还是一个新生事物，它的教育对象众多，内容涉及面广，方法灵活多样，所以要在高校开展生命教育，需要一定数量、相对稳定的教师队伍。同时，教师的专业素质直接影响到生命教育的成效，因此，必须建立一支高素质、具有人格魅力的生命教育师资队伍。

当前，学校开展生命教育，研究得多，实施得少，喊得多，做得少；对生命突发事件和生命乱象，依赖心理学分析的多，依靠生命教育的少，批评的声音多，建设性的言论少。因此，在学校里，生命教育教师基本上呈现出匮乏的状态，没有形成专门的师资队伍，即便有，也是兼职，其知识体系和能力结构都无法满足实施要求，这就急需培养生命教育的师资队伍。首先，建立生命教育师资培训机制。对专业任课教师、生命教育相关学科教师和学生管理人员，除了进行专业培训之外，还要进行生命教育基本理念和实践意义的培训，使他们具有生命意识、生命智慧和生命关怀等思想，并将之融入课程教学和学生管理的各个环节，实现教育的生命化。其次，参照心理咨询师的培训、考核和认证的方式，建立生命教育教师专业资格认证制度，培养和培训出更多的高水平生命导师。

（2）形成生命教育的对话机制

生命只有在不断地碰撞交融中才能激发出新的活力，才会有一种不断再生的充盈的生存状态。生命间的对话能极大地拓展人的精神生命的空间，使人回到本真的生命状态，给人的生命样式提供多种多样的规定性和可能性。

教育是人与人精神的契合，是人对人的主体间交往活动。教师与学生是不同性质的个体，具有各自不同的生活背景、情感体验、知识结构和认知水平，也会有不同的价值取向和伦理规范，并各自与周围的环境构成生存的小环境。因此，教师与学生、学生与学生之间总会发生形式各异的冲突，阻碍教学的顺利开展和师生关系的和谐生成，只有展开师生平等对话并在此基础上共同

体验、理解和实践，才能在生命培育上形成合力，不断构建新的生命意义，实现生命的共同成长，进而建立一种整体和谐、充满人性的人际生态环境。

因此，从生命的角度来看课程实施中的教师，是以课程实施为途径对自身生命及学生生命进行创造的主体。教师应致力于将生命教育课程变成生命与生命对话的过程，引导生命关系走向完整、和谐的过程。

四、人际交往

（一）人际交往的准则

良好的人际关系能促进大学生生理、心理的健康发展，而良好人际关系的确立有赖于大学生在人际交往中遵循尊重、诚信、宽容的准则。

1. 尊重

社会主义国家，人与人之间的关系是平等的，相互之间是独立的。每一位大学生都是以独立的个体出现，处于平等的社会地位。基于这种人格平等的尊重他人是建立良好人际关系的前提。尊重他人，即尊重他人的人身权利、自尊心、感情，不干涉他人隐私。尊重他人实际上是尊重自己的一种体现，只有在人际交往中尊重他人的人才能获得他人的尊重。

2. 诚信

诚实守信，是一种美好的品德，它能很好地促进人与人之间的交流，推动人与社会的良性互动。现代社会，诚信是一种无形资产。只有在人际交往中"诚而有信"，才能得到他人或组织的支持、鼓励，更好地体现自身价值。诚信，首先要诚实，要本着事物的本来面目，而不弯曲夸大；诚信，要讲信誉，就是要守信，言行一致，说到做到。大学生在与他人交往过程中，必须坚持诚信原则，为社会诚信意识的回归树立榜样。

3. 宽容

宽容指心胸宽广，善解人意，不计较个人利益得失。大学生在人际交往中，如果在原则性问题上不存在矛盾冲突的情况下，即使存在某些交往中的摩擦，也要以宽大的胸襟体谅宽容对方，做到宽以待人，关心人，理解人。"一个人若有宽广的胸怀，就会把他人对自己的不公正待遇当作一种磨炼，在逆境中坚持正确的道德认知，不放弃个人修养，以平和的心态对待他人的伤害，自强不息，成就人生。"学会宽容，要能够做到即使别人不友好时也能以德报怨，得理让人。

（二）人际交往的艺术

大学生一般都有与人友好交往的内心愿望，掌握一定的人际交往艺术，能使这种愿望插上理想的翅膀，能使人与人之间的交往更加和谐。

1.寻找共同语言

任何人都是一个多元性的综合体。人与人之间总能从知识、能力、职业、文化、民族、地域、年龄等方面找到某些共同语言。这些共同语言的存在，为人与人的成功交往提供了前提。大学生在与他人交往中要善于寻找双方共同的话题、共同的体验或共同的情感。共同语言的交流是大学生成功与人交往的关键。

2.向对方有限度地敞开心扉

大学生在人际交往中，要吸引另一方的注意力，要激起对方交往的热情，可以在一定的范围内有限度地向对方敞开胸怀，取得对方的信任和理解。大学生的这种敞开心扉，要根据交往对象性质，确定敞开心扉的程度。

3.换位思考

成功的交往者总能善解人意，站在对方的立场上思考问题，考虑对方的需要、情感、利益和爱好，善于理解对方的想法，总是能设身处地地为对方着想，减少给对方带来的麻烦。大学生在人际交往中要本着多为别人考虑的思想，为自己赢得更多的友谊。

4.学会倾听

人在生气、愤怒、陷入困境或兴奋、激动时，总是希望有人能倾听他的诉说，而倾听诉说的人无形之中就成了他心目中值得信赖的朋友。耐心地听他人的倾诉，尊重倾诉人的情感和态度，体现了对倾诉人的关心和理解，能获得更多的信赖和尊敬。大学生不妨学会倾听，在倾听中获得更多的友谊。

5.学会幽默

幽默是一种能力。幽默可以让人在愉快的笑声中结束尴尬的气氛，可以让人在紧张的工作中获得轻松。俗话说，笑一笑，十年少。大学生在平时的学习中要试着培养自己的幽默感，如果能培养起一定的幽默感的话，在很多情况下能巧妙地处理人际交往中遇到的尴尬局面。

（三）友情观

1.友情是朋友之间感情的凝结

友情涉及的不是一个人的感情，而是缔结友情的人相互之间共同凝结的感情。友情不排他，拥有同一份友情的可以同时是两个人，也可以是两个以上的人。这些人之间由于共同的生活经历、共同的兴趣、共同的志向或者其他的共同点走到一起，彼此都把对方看作自己最亲密的人，他们的感情是相互之间认可并努力去维持的。大学生必须认识到友情是双方感情的付出，要为获得友情而做出自己的努力。

2.朋友间应有高尚的志趣

拥有友情的人在交往过程中会潜移默化地影响对方，并接受着对方的影响。所以，大学生选择朋友应该选良友、益友。良友、益友应该是有高尚道德追求的人，应该是有高尚志趣的人，只有这样的友情才能促进个人积极向上。

3.朋友间要能相互扶持

友情是一种特殊而美好的感情，是建立在心理相容基础上的互相依恋。这种感情在人身处逆境时，能给予慰藉和帮助。大学生在朋友遇到困难时，要从心理上给对方以鼓励，支持对方走出困境。

4.朋友间要充分信任

共同经营友情的人相互之间是把对方当作自己感情的寄托，希望能够从对方那里获得安慰、鼓励，把对方当作自己倾诉的对象。友情中的一方往往会把他藏在心里不愿意向他人（包括父母）倾诉的思想感情和秘密向另一方袒露，作为朋友的另一方在不违背社会道德和法律前提下必须为对方保守秘密。相互之间的信任是友情持续的保证。如果一方失去了另一方的信任，那么双方之间的这种亲密感情将很难维系。所以，大学生在与朋友交往中要尊重对方的隐私权，要给对方以充分的信任感，这样友情才能久远。

（四）爱情观

1.大学生不宜过早恋爱

大学生基于生理心理的成熟，对爱有了原始的冲动，但大学生毕竟涉世未深，对自己应当承担的社会责任、扮演的社会角色没有形成足够的认识，对爱缺少成熟的理解，且还有学习这一艰巨的任务。谈恋爱是需要时间和精力的，所以大学生不宜过早恋爱。这是对自己、对家庭、对对方、对社会负责任的一种表现。

2.爱情是恋爱双方的自愿选择

爱情是男女双方交往过程中相互间产生的强烈而执着的感情,是恋爱双方在正视自己感情的基础上进行的自觉自愿的选择。恋爱双方都应该尊重对方对感情进行选择的权利。如果一方在交往过程中认为双方的交往并不是自己理想的爱情,他(她)有放弃这段感情的权利,放弃前应取得对方的理解。如果大学生在恋爱中遇到对方提出分手的要求,必须以理智的心态处理双方的关系。

3.爱情具有排他性

爱情涉及的是两个人的感情。恋爱关系一旦确立,恋爱双方都应该专一于对方。同时拥有多个恋爱对象的人是不道德的,是对自己感情的不负责任,是对任何一个恋爱对象的不尊重,是要受到社会道德谴责的。大学生必须认识到爱情的排他性,以专注的态度对待这份神圣的感情。

4.恋爱双方要承担相应的责任

处在恋爱阶段的男女除了双方强烈的感情付出外,还应该考虑到双方应该承担的责任。一是对对方承担的责任。大学阶段,学习是学生主要的任务。恋爱中的双方要考虑到彼此的交往不能影响双方的学业,双方的感情应该要有助于双方的学习,为彼此提供学习的动力,而不是起反作用。二是对双方所在集体的责任。很多大学生一旦恋爱,就成了游离于集体的人,天天和恋人黏在一起,集体活动很少参加甚至根本不参加。这些大学生恋人完全漠视了作为所在集体成员应该承担的责任。三是对社会的责任。这主要是指一些大学生恋人无视社会道德,挑战社会的道德底线,在公开场合出现不文雅行为,造成了不好的社会影响。

5.爱情不是生活的全部

拥有一份美好的爱情是令人羡慕的,但一个人活着仅有爱情是远远不够的。大学生谈恋爱,社会不反对,但大学期间的时间全部用于谈恋爱,则是为人所不齿的。已进入恋爱阶段的大学生应该把爱情作为自己进一步奋发图强的动力,处理好爱情和学业之间的关系,争取学业有更好的发展。未进入恋爱角色的大学生不要盲目跟风,大学不一定非得谈恋爱,抓好学习,提高个人能力才是最重要的。失恋的大学生不要自暴自弃、怨天尤人,逝去的爱情说明它不适合你，一定要抓紧时间提升自己，真正适合你的爱情一定在前方等着你。

人际交往能力是现代人在变化万千的社会联系中保持和谐人际关系的重要保证。大学生准确理解人际交往准则、掌握人际交往的技巧能使其人际关系更加融洽，而确立正确的友情观和爱情观无疑会使其在感情的道路上走得更顺畅。除上述创新教育、就业与创业教育、生命教育、廉洁教育和人际交往五个方面的教育内容外，高校应该根据时代发展的实际需要，增加创新意识、服务意识、效率意识、竞争意识、规则意识、合作意识、开放意识等教育内容，实现大学生思想政治教育的与时俱进。

第三章 高校思政教育相关概述

第一节 高校思政课的教育原则

一、大学生思想政治教育的基本原则

（一）方向性原则

方向性原则是指大学生思想政治教育的全部活动要始终与社会发展的要求相一致，坚持正确的政治方向不动摇。当前，方向性原则主要体现为大学生思想政治教育要旗帜鲜明地坚持社会主义和共产主义方向，坚持党的基本路线，要与中国共产党的纲领与宗旨相一致。坚持方向性原则对大学生思想政治教育活动具有非常重要的意义。首先，只有坚持这一原则，才能保持无产阶级思想政治教育的本质特色。其次，只有坚持方向性原则才能统一人们的思想与行动，充分发挥思想政治教育的作用。再次，坚持方向性原则是实现思想政治教育价值的根本要求。思想政治教育价值的实现与否，必须以教育目的的实现程度和方向原则的贯彻程度来衡量。

（二）求实原则

求实原则，它体现了一种科学的工作态度。思想政治教育是一项实实在在的转变人的思想的工作，因而任何华而不实和不切实际的做法都难以取得良好的教育效果。大学生思想政治教育的一个重要特点就是具有针对性，要做到这一点，教育者必须遵循实事求是的原则。教育者在进行思想政治教育的过程中，必须从社会发展的现实和受教育者的思想实际出发，运用马克思主义的基本理论去解释分析社会问题和受教育者的思想问题，并从中寻找出解决问题的基本规律，来指导大学生思想政治教育的活动。求实原则，是指大学生思想政治教育要始终坚持"理论联系实际，一切从实际出发，实事求是"

的思想路线和原则。

（三）民主原则

民主原则，是指在大学生思想政治教育中，尊重学生的主体性地位，尊重其人格和民主权利，创造条件让大学生充分发表自己的意见并加以正确的引导。民主的实质是平等。大学生思想政治教育中的民主就是教育者与受教育者双方在充分尊重对方的人格和民主权利的前提下，创造条件让双方充分表达自己的思想和意见，并在此基础上正确处理相关问题，共同完成大学生思想政治教育的任务。大学生思想政治教育并不能直接作用于人的行为，而是先通过教育对象错综复杂的心理品质作用于人的意识，转而影响其行为。作为教育对象的大学生一般都是青年，他们的自我意识已经渐趋成熟，对自己以及自己和周围的关系开始有了独立的认识和评价，较少盲从，主体意识明显。因此，大学生思想政治教育的成效，在很大程度上取决于教育对象对教育内容的关心、思考和理解的积极性和主动性是否被调动起来，以及被调动的程度。因此，大学生思想政治教育必须坚持民主性原则，突出学生的主体地位，教育者与受教育者以平等态度交流思想，互相尊重，创造民主、平等、和谐、生动活泼的教育环境和气氛。

二、大学生思想政治教育原则的特点

（一）辩证性

思想政治教育原则体系是以辩证唯物主义和历史唯物主义为理论指导，对思想政治教育客观规律主观认识的产物。大学生思想政治教育是一个不断发展的过程，新事物、新情况、新问题层出不穷，每个人都不可能穷尽真理认识历史的长河，加之不同个人的认识能力、认识水平又有差异，因而人们对大学生思想政治教育规律和原则的认识都具有相对性。大学生思想政治教育原则之间既有区别又有联系，对各个原则的认识也不能绝对化，要看到它们之间的相容性、交叉性、衔接性。大学生思想政治教育原则是思想政治教育系统内在本质关系的抽象，只有深刻理解思想政治教育过程中的各种关系，所确定的原则才能较为符合实际。

（二）整体性

大学生思想政治教育原则体系的整体性特征表现在以下两个方面。

第一，大学生思想政治教育原则是以大学生思想政治教育规律作为客观依据而构建起来的；各原则之间具有紧密的内在逻辑联系，它们相互作用、相互补益而构成一个整体。

第二，大学生思想政治教育原则体系具有"1+1 > 2"的整体功能。大学生思想政治教育原则体系虽然由众多具体原则所组成，但这些原则相互关联，不可分割，在运用原则时不能顾此失彼，而应当统筹兼顾，综合运用。

（三）层次性

大学生思想政治教育原则体系是按照由整体到局部、由一般到个别、分层次有序排列的，每个层次的原则都是在一定的范围内和条件下起作用，都有自己特殊的功能和意义。

（四）动态性

大学生思想政治教育原则是一个多层次的动态体系，不是孤立静止、僵死不变的。

随着人们社会实践的发展，大学生思想政治教育的新经验将得到不断总结，新规律将会不断被认知，反映这些规律的新原则也就出现了。

即使思想政治教育的同一个原则，其内涵会随着实践的发展而不断丰富。

大学生思想政治教育原则的运用也是随着时间、地点、条件的不同而有所不同。

第二节 高校思政课的教育方法

一、大学生思想政治教育的过程方法

（一）过程方法内涵

工作都是通过过程来完成的，从制造航天飞机到制造汽车零部件，从管理国家、管理企业、建设家庭、培养子女，都可以称之为过程，我们日常生活中做的每一件事都是一种过程。组织要想有效运行，就必须对许多相互关联和相互作用的过程进行识别和管理。通常，过程是连续不断的，一个过程的输出将直接成为下一个过程的输入，从而形成过程链。运用这一管理手段，能有效地提高组织的竞争力。

过程方法的基础是"所有工作都是通过过程来完成的"。每个过程都有输入，输出便是过程的结果。任一组织的存在都是为了实现其不同的效益（包括经济效益和社会效益），这些效益是通过一个过程网络来完成的。组织的网络结构通常都是错综复杂的，它包括许多要执行的职能，如策划、宣传、推广、设计、实施、结果、总结、改进、再循环等。所有的事情要想做好，就应该这样巡回往复。

事情由主要矛盾与次要矛盾构成，都有矛盾的主要方面和矛盾的次要方面。过程方法要求我们首先要确定所有过程中的主要过程，然后确定过程之间的"接口"、过程与过程之间的关系等。

一个组织要想取得理想的效果，就应该按照过程方法来建立一个质量管理体系。通过运用过程方法体系来使组织以最高效的方法实现组织的目标。过程方法体系要求组织首先识别实现目标所需要的过程，然后了解体系内诸过程的内在依赖关系，关注并确定体系内特定过程应如何运作，最后通过测量和评价持续改进体系的符合性、有效性等，也就是要按照这样的方法建立和实施组织的质量管理体系。

（二）过程方法的危用

1.制定和实施学校管理战略

这里涉及的是制定和实施什么样的学校管理战略的问题，也就是设计和实行教育教学工作组合与运作形式，实际上就是制定和实施学校管理战略。制定管理战略就是策划。

我们都知道，战略的实现离不开战术，管理战略目标离不开管理手段。管理战略计划全面反映广义上的管理战略目标和管理手段。学校的教育目标决定教育实践的指针、方向，因而也就是学校管理战略目标。学校教育计划是学校管理(战略)计划的主要组成部分,因此可以是狭义上的学校管理计划。当制定管理战略时，必须考虑以下三个因素：一是国家的法规框架，即宪法、教育基本法、学校教育法、教学大纲以及各级政府有关教育的方针、法规等。二是社会的需要，即社会对教育的期望、要求。高度发展的科技，高度发展的信息化，剧烈的社会变化和经济发展，人际关系和生活方式的变化，家庭环境的变化等，都向学校提出诸多课题。三是学校的实际条件，即每个学校的特殊情况。这大体包括以四个侧面：其一，教师队伍的教育观、教学观、教师观、学生观，以及对教育改革的态度等；其二，学校的学习环境、人财物的条件、信息的环境，以及教风、学风、学校文化等；其三，学生的学习态度和作风、学习要求、校外生活状况，以及学生个性与特长的实际情况；其四，地区社会的特性及学校与地区社会的联系情况。以上四个要素，都不是孤立的存在，而是有机的组合。简言之，制定教育目标时要以教育法规框架为背景，并立足于每个学校实际情况去把握社会、政府、家长等提出的各种要求。

制定管理战略，要有认真研究问题和敢于创新的基本态度，要抛弃保守的和维持现状的消极态度。学校的自主性、特色就应体现在不断地提出问题、研究问题、解决问题以及开创新的办学路子等方面。

教师的参与，对制定学校教育目标以及教育计划具有重要的作用，而且对其实施过程有决定成败的作用。在教师的参与问题上，往往出现两种情况：一是会议多，教师没有时间下班级评价学生作业；二是出现意见分歧和冲突。这说明，我们对教师的参与要掌握适度。无论如何，让教师参与决策，这对发扬民主是绝对必要的、积极的举措。而意见分歧和冲突，是学校积极发展的"力量的源泉"。

2. 实施管理战略

教育管理过程（或者教育工作过程）大体上可简化为目标—计划—实施—评价过程。战略目标（教育目标）实现过程，也无异于此。提高学校教育目标的共识度，即做到学校教育目标广为人知，成为全体教职工以及学生的行动目标。加紧把学校教育目标具体化，即让学校教育目标变成可操作的实践指标，并成为每个教师的实践指标。教师结合自己工作实际把学校教育目标分解为自己的工作目标，这是学校教育目标的具体化，是实现目标的一个不可少的步骤。

3. 加强对学校教学目标完成的评估

这一步可以分为两步来完成，首先在计划实施过程中对计划实施的进度和质量进行跟踪评估，然后待这个计划完成以后，对整个计划完成情况进行评估，并研究分析找出不足之处，加以改进。学校教育的目标实际上是一种"假说"，而不是死教条，只有进过策划、计划、实施、评估、目标的循环规程，才能更好地得以修正和完善。高校管理过程就本身而言是封闭系统，通过以上所述的几个环节不断地循环运动，周而复始。但是这种循环又不是简单地由前一个环节直接进入后一个环节。各环节之间又是有反馈回路的，以提升工作不断循环上升，不断实现学校更高层次的目标，不断发展、完善新的规范来适应社会对学校越来越高的要求。

（三）运用过程方法的注意事项和要求

1. 确定组织为取得所期望的结果所必需的关键过程

过程方法要求我们不但要确定全部过程，还要确定这些过程中的关键过程或者说主要过程。组织的过程网络错综复杂因此应该对关键过程重点控制，要抓住主要矛盾。例如，学校工作中的关键过程就是教育过程，教育过程中的关键过程就是教学过程；又如，德育工作的核心是加强理念信念教育。人总是要有点精神的，对于大学生来说，德智体美中，德育为先，处在第一位。思想政治教育中要坚持正确的方向，理念信念处在第一位，这是符合教育规律的，已被古今中外许多经验证明。

2. 确定主要过程之间的顺序

在识别和确定了组织为取得所期望的结果所必需的关键过程后，还必须确定这些过程之间的先后顺序。过程之间的先后顺序，有时还体现在过程层次上。如政治理论课教育的内容就是有先后层次的。只有确定了过程之间的顺序后，才能明确过程之间的接口，才能为管理关键过程（活动）规定明确的职责。

3. 识别组织为取得所期望的结果所必需的所有过程

即将组织为取得所期望的结果所必需的全部过程加以识别，这些过程可能有的对所期望的结果影响大，有的影响小，有的是简单过程，有的是复杂过程，可采用各种方法识别这些众多的关联的过程，识别这些过程所需的输入、输出及所需开展的活动和应投入的资源。如果遗漏了某一过程，将会对"组织所期望的结果"的这一目的构成负面影响。所谓识别过程包括两层含义：一是将组织的一个大过程分解为若干个子过程；二是对现有的过程进行定义和分辨。例如，流水线上的作业过程，可以分解到每个员工所干的工作为止。

4. 确定过程之间的接口和过程之间相互关系

通常一个过程的输出将直接形成下一过程的输入，为使这些过程能受到有效控制，除了对过程进行识别之外，还应确定过程之间接口和过程之间的相互关系，并合理地安排过程的程序，以便容易达到过程策划的结果。

5.测量各个过程并对各过程进行有效控制

过程一旦建立并运转，就应对其进行控制，防止其出现异常。控制时要注意过程的信息，当信息反映有异常倾向时应立即采取措施，使其恢复正常。操作人员要严格按照规定操作，避免习惯性操作，最终实现输出的增值，达到用户的满意。更重要的是，要经常改进过程，通过对过程的测量和分析，发现过程存在的不足或缺陷以及可以改进的机会，对过程进行改进，提高其效率或效益。为判断这些过程是否有效地运作，并对其加以监控，组织必须能够获得必要的信息，通过对过程信息的测量和对测量结果的分析，以及针对分析结果而对过程实施必要的调整等，最终实现过程的策划结果和对过程的持续改进。

同时，还应通过对众多关联过程的识别，确定这些过程的顺序和相互关系，规定过程有效运行的方法和准则，测量及分析过程的信息，针对分析结果而对过程实施必要的调整，如采取纠正措施或者预防措施等，达到过程的持续改进，最终实现过程策划的结果。

二、大学生思想政治教育系统方法

（一）系统方法的概述

1.系统方法的内涵

系统是由两个以上相互联系、相互依赖、相互作用的若干组成部分结合成的、具有一定结构和功能的有机整体。系统是由它的所有组成部分构成的统一整体，具有整体的结构、整体的特性、整体的状态、整体的行为、整体的功能等。系统论认为，世界万物皆系统。系统具有三个基本特征：第一，系统是由若干元素组成的；第二，这些元素相互作用、互相依赖；第三，元素间的相互作用，使系统作为一个整体具有特定的功能。

所谓系统方法，就是根据系统的观点，从整体出发，辩证地处理整体与部分、结构与功能、系统与环境、功能与目标的关系，找到既使整体最优，又不使部分损失过大的方案作为决策的依据，以实现整体最优化的方法。系统方法要求人们把对象和过程视为一个相互联系、相互作用的整体，并且尽可能将整体做形式化的处理。系统方法所处理的对象，都是由种种关系和相互联系交织起来的网络画面，采用系统方法时，应尽可能将此画面做组织化的科学抽象，从而具体地反映和把握世界。

2. 系统方法的基本特点

系统方法同传统方法相比，有着明显的特点，这些特点也就是我们运用系统方法研究和处理大学生思想政治教育时，要把握的一些原则。

（1）动态性

任何现实的系统，一般来说，都是处于动态的"活系统"。虽然在科学研究中，人们经常采用理想的"孤立系统"或"闭合系统"的抽象，但是实际存在的系统，无论在内环境的各要素（或子系统）之间，还是在内环境与外环境之间，都有物质、能量、信息的交换与流通。所以，从原则上说实际系统都是活系统。

（2）整体性

整体性是系统方法的核心。根据系统论的观点，系统是由诸多部分或要素组成的有机整体，系统的整体性质和规律，只存在于组成它的诸要素的相互联系和相互作用之中，而不等于各组成部分或要素的孤立的性质和活动规律的总和，即"整体大于部分之和"。因此，在研究系统时，必须从整体出发，立足于通过整体来分析部分以及部分之间的关系，再通过对部分的分析而达到对整体的深刻理解。

（3）模型化

运用系统方法，需要把真实系统模型化，即把真实系统抽象为模型，如放大或缩小了的实物模型、理论概念模型、数学模型、符号系统模型或其他形式化的模型等。在采用系统方法的模型化原则时，除应遵循模型方法的一般原则以外，还应使模型的形式和尺度符合人的需要和可能，适合人的选择。迄今为止，我们所知道的一切模型中，唯有一种模型与人的自然尺度最接近，它就是用人的206块骨头组合而成的人的骨骼模型。其他不符合人的尺度和认知需要的事物，要建模型，就需进行这样或那样的"人格化"，以适合人的要求。对于复杂系统，需要在系统分析的基础上，适当地采用模糊方法，经适当简化和理想化，才能建立起系统模型。一旦建立起系统模型，就可以进行模拟实验，运用电子计算机进行系统仿真。模型化原则常常是采用系统方法时求得最优化的保证。

（4）综合性

综合性就是把任何整体都看作以诸要素为特定目的而组成的综合体，要求研究任何一对象必须从它的成分、结构、功能、相互联系方式、历史发展等方面进行综合考察，它是系统方法最为突出的一个特点。系统方法还突破了传统方法的局限性，但又不是一般的否定分析，而是把分析与综合有机地结合起来，其出发点是综合，又在综合的指导下进行分析，然后再回到综合。其综合性主要表现在：它在观察和处理事务的时候，把事务的各个部分、各个方面、各个因素、各种联系和相互作用结合起来加以考察；在考察事务成分和结构的同时还考察事务的功能和产生、发展、运动、变化的历史，从而从不同的侧面、不同的层次和不同的状态综合地研究事务。系统方法的综合性原则还要求不能单凭某一方法和某一科学知识认识和处理问题，而是综合运用各种方法和知识来认识和处理问题。这其中包含着社会科学、自然科学和工程技术等诸多方面的知识和技术。这就使它具有多种多样的功能：既可以用来认识事务，又可以用来解决问题；既可以用来进行定性研究，也可以用来进行定量研究；既可以用来研究历史和现状，也可以用它来预测未来。

（5）最优化

最优化即通过系统的要素、结构以及与环境的关系，经过科学的计算、预测，做出系统目标的多种方案，从中选择最佳的控制和最优化的管理。当然这里的最优是一个相对的概念，只有更好，没有最好。系统的目标往往是多元化的，甚至有的是直接对立的，在对立的系统中寻找整个系统最优化总目标的确是非常困难的。

总之，整体性、动态性、最优化、综合性和模型化都是系统方法的基本特点，也是运用系统方法的基本原则。前两个是基础，第三个是目标，后两个是手段。系统方法的广泛应用，推动了自然科学、人文社会科学、应用技术、管理科学等的新进展，同时也带来人们思维方式的变革。

（二）系统方法的价值

1.可以有效地认识、调控、改造、创造复杂的系统

系统方法是扬弃了传统科学的简单性原则而产生的。20世纪30年代以前，在研究复杂事物和复杂过程时，主要采用从实体上进行还原的分析组合方法，试图在所有的现象中找到共同具有的物质实体（譬如，物质性的原子），把它作为差异的共同基础，至于这些实体所形成的复杂关系则很少受到重视，基本上用线性因果关系加以处理。这就把复杂问题不适当地简单化了。而事

实上，世界上的事物和过程是复杂的，是由多种因素或子系统复杂的相互作用所构成的，所以需要系统地思考。在这方面，系统方法提供了解决困难的钥匙。

2. 可以提供制定最佳方案的手段

系统方法为人们提供了制定系统最佳方案以实行组合和优化管理的手段。在认识自然和改造自然中，在认识社会和改造社会中，系统方法可以帮助人们制定最佳方案，优化组合与管理，取得尽可能大的效益，用最少的投入，取得最大的利益。

用系统方法将相互关联的过程加以识别、理解和管理，有助于高校提高实现目标的有效性和效率。大学生思想政治教育的过程是相互关联和相互作用的，每个过程又都会在不同的程度上影响着大学生思想政治教育的质量。要对各个过程实施系统的控制，确保大学生思想政治教育预定目标的实现，就需要建立大学生思想政治教育质量系统管理体系，运用系统体系管理的方法，实施对各个过程的控制，才能有效和高效地提高大学生思想政治教育的效果。

3. 可以提供新思维

系统方法突破了传统的只侧重分析的机械方法的束缚，指导人们从总体上进行思维，探索科学技术发展的新思路，建立综合学科、交叉学科和边缘学科，促进自然科学与社会科学的统一，促进科学家与哲学家的联盟，帮助人们打破两种科学、两种文化的界限，建立统一的世界图景和文化图景，建立起系统的自然观、科学观、方法论和系统的人类社会图景，防止思维的狭隘和偏激。因此，系统方法对于当代大学生思想政治教育来说就尤为重要。

（三）系统方法在大学生思想政治教育管理中的应用

1. 有序性原则

系统的任何联系都是秩序井然、有条不紊、按等级和层次进行的。而这种有序性的保障就是系统结构，因此只要把握了系统的有序性，也就把握系统的结构。大学生思想政治教育是非常复杂的，但绝对不是杂乱无章的，而是有秩序、有规律的。各要素的相互关系运用这一原则得以揭示，这就实现了思想政治工作进一步科学化，正确地运用思想政治工作的规律和方法这一目的。

2. 整体性原则

整体性原则是系统方法的核心。系统的整体功能大于它的各个组成部分功能的总和，在孤立状态中它具有各个组成部分所没有的整体特性。从整体的目标出发是系统方法整体性原则的内容，研究各组成部分相互联系和相互制约的规律是为了使整体达到最优化。但是大学生思想政治教育系统的元素众多，牵涉面广，关系复杂，相互作用繁复，因而，开展和研究思想政治工作坚持整体性原则是十分重要的，要把与人的思想有关系的因素，包括自身的因素、家庭的因素、社会的因素等综合起来，对问题的症结进行考察、思索，考虑所要采取的措施，增强开展思想政治工作的洞察力，提高预见性，这是最富有科学性和艺术性的方法。坚持整体性原则，在当前最主要的是使思想教育与组织管理相统一。思想教育和组织管理是学校的两个子系统。如果这两个子系统的性能相互矛盾，必然产生内耗，使整体产生负效应。目前，思想教育功能较低的主要原因是思想教育效果在组织管理中得不到强化，在某些方面，思想教育的效能与现行的一些制度、政策所产生的效能相矛盾；理想教育与现行的实践中优劣"价格"相等状况的管理制度相矛盾，对学生忠诚、献身的道德教育与单凭主观印象和个人感情喜恶的晋职、晋级的经验管理方法相矛盾，现实中甚至出现"劣币驱逐良币"的现象，等等。结果这些组织管理手段抵消了思想教育效能，降低了思想教育的成效。因此，要提高思想教育的整体效应，必须把思想教育渗透到完善的、科学的制度和政策中去，把思想教育的要求与管理制度、政策中强化的目标统一起来。说理是教育，管理也是教育，而且是更重要的教育，两者都是推动人们实践的动力。从某种意义上来说，制度、政策对人产生的动力要比说教大得多，思想政治教育不一定要通过说教或剥夺他人权利来进行。事实上，情感的力量、组织管理的有效、利益的给予等可以达到同样甚至更好的目的。

3. 动态性原则

任何现实的系统，一般来说，都是处于动态的"活系统"中。系统是经常处于运动之中的，系统的有序联系是在发展中进行的，系统中一种要素的变化往往会引起另一种要素甚至整个系统的变化。尤其大学生思想政治教育更是一个动态的"活系统"，因为，大学生思想政治工作的对象是活生生的人，是不断发展变化的人，是受周围环境影响的人，是处在生长发育阶段的人。

大学生的思想和高校两者都是开放的系统，它和社会生活之间的关系几乎没有时间和空间的距离。从现象上看是紊乱的、无序的；从发展变化的过程来看，它也的确有过无序的状态，但随着人们对思想政治教育规律的认识的提高，对学生的影响会越来越走向有序性。因此，大学生思想政治工作规律在思想政治教育者不断探索和发展下，及时地进行动态调节，使思想政治工作与之相吻合，并以动态的眼光来看待思想政治工作。所以，运用动态原则，可以使人们在进行思想政治教育中适时地协调处于不停地发展变化状态的各种要素的结构关系，防止各种元素的畸形组合，实现思想政治教育的最佳的动态平衡。由此可见，系统方法不仅是唯物辩证法普遍联系原理的具体化和实际运用，而且是对这一原理的丰富和深化。它的广泛运用促使人们实现了科学方法乃至一般工作方法的现代化。

大学生思想政治教育在应用系统方法时，必须遵循一些科学步骤。第一，必须确定这一系统的最终目标，明确每个特定阶段的中间性目标。第二，必须确定每个局部要解决的任务，研究它们之间和它们与总体目标之间的相互关联和相互影响，对各项具体措施以及发展趋势进行综合考察。第三，将达到总目标以及与其相联系的各个局部任务的可供选择的方案进行分析、比较，选出优化方案。第四，组织实施，并对实施情况进行综合考察，还要随着方案实施状况，不断地进行调整、协调和控制。

第三节　高校思政课的教育理念

一、改革创新理念

（一）改革创新的基本原则

1. 解放思想、实事求是

只有解放思想、实事求是，摆脱过时的思想观念和陈旧的思维方式的束缚，才能敢于研究新情况，解决新问题，创造新成果。坚持解放思想、实事求是，必须以党的最新理论成果为指导。党的最新理论成果，是在科学判断党的历史方位的基础上提出来的，是我们党艰辛探索和伟大实践的必然结论，不言而喻，也是指引大学生思想政治教育改革创新的根本指导思想。坚持解放思想、实事求是，必须坚持发展的观点，积极适应国家建设的需要。这要求大学生思想政治教育要适应新的变化，在教育内容、方法手段和管理机制等方面改革创新；坚持解放思想、实事求是，必须从我国的实际情况出发，开阔视野，放眼世界，有选择地吸收外国的有益经验，使大学生思想政治教育得以丰富和发展。

2. 保持优势、创新发展

大学生思想政治教育改革创新是一个复杂的系统工程，既要有创新精神，又要有科学态度。保持优势，创新发展，实际上是强调大学生思想政治教育要在继承优良传统的基础上改革创新，这是大学生思想政治教育发展的客观要求，是一条必须遵循的客观规律。坚持保持优势，创新发展，必须有利于巩固和加强大学生思想政治教育的基础性地位。思想政治教育是大学教育的基础性课题，是大学生进行科学文化学习的前提与基础。大学生思想政治教育的改革和发展必须有利于继续巩固和加强其基础性地位。坚持保持优势，创新发展，必须有利于充分发挥大学生思想政治教育的作用。思想政治教育的作用是否能得到充分发挥，受制于多方面因素。思想政治教育的改革创新，就是要研究在新的历史时期，哪些因素有利于思想政治教育作用的发挥，并对这些因素进行促进和发展。

（二）改革创新的主要内家

1. 拓展思想政治教育的新领域

总体来说，大学生思想政治教育的新领域主要是指两个方面：其一是社会主义市场经济环境中的思想政治教育；其二是指抵制腐朽思想文化中的思想政治教育。市场经济和思想政治教育之间在本质上是一致的。从市场经济建设过程来看，人们在经济体制转轨过程中产生的一些困惑，利益关系调整过程中的矛盾冲突，必然会反映到大学校园中，这就迫切需要思想政治教育去解决。市场经济中的利益杠杆等原则，给大学生思想带来的负面影响，给大学教育环境带来的巨大冲击，都需要加强和改进思想政治教育来加以扼制。市场经济越发展，思想政治教育就越重要，解决建立社会主义市场经济体制所引发的各种问题，就是思想政治教育改革创新需要开辟的新领域。，围绕腐朽思想文化侵蚀开展的思想政治教育，是围绕抵制侵蚀与固守阵地这一对矛盾展开的。必须清醒地看到，敌对势力历来将侵蚀与演变的重点放在青年一代的身上。尤其新的历史条件下，渗透与反渗透、演变与反演变的斗争不会在短时间内停止，只要两种意识形态的斗争在继续，腐朽思想文化的侵蚀就不会停止，这方面的工作就需要不断加强。

2. 形成思想政治教育的新体系

制度建设更具有根本性、全局性、稳定性和长期性。研究和制定政策和制度，是大学生思想政治教育的重要任务，也是大学生思想政治教育的重要内容。新世纪大学生思想政治教育的改革创新，必须把政策制度的调整与完善作为重点。要着眼于新的历史时期和社会主义市场经济环境中出现的新情况，及时进行补充、调整和完善，加快改革步伐，以形成政策制度的新体系。既要及时适应新情况，积极地实验与实施，又要坚持稳妥可靠，深入调查研究，反复科学论证，不能朝令夕改，甚至顾此失彼。要通过相关政策制度的研究和制定，逐步形成一套促进大学教育长远发展、思想政治教育充分发挥作用的政策制度体系。

3. 探索思想政治教育的新手段

科技含量的高低，是衡量大学教育的重要标志之一，也是衡量大学生思想政治教育水平的重要标志之一。要积极吸取现代科技发展的成果，在信息掌握、情况处理、知识传播、思想教育方面，注意发挥计算机网络等现代信息技术和大众传媒的作用。在信息时代，必须积极运用各种先进的科学手段，加大思想政治教育自身的科技含量，把先进的科学手段运用到思想政治教育中。当代高科技的迅速发展，新的科技成果，为思想政治教育提供了新的载体和条件，为精神产品的开发和传播，提供了前所未有的方法和手段。把教育信息和现代高技术结合起来，发展思想政治教育的载体，广泛利用现代化媒体，建立"网络思想政治教育"等，都是大学生思想政治教育必须拓展的新领域。

二、全面发展的理念

（一）思想道德素质教育

思想道德素质是指个体通过接受一定的教育和参加社会实践活动，经过独立自主、积极理性的思考后形成一定社会或阶级所要求的思想观念和道德准则，并自主、自觉与自愿地做出相应行为的素质与能力。一般来讲，大学生思想道德素质包括思想素质、政治素质和道德素质三个方面。思想道德素质教育是大学生素质教育的灵魂，大学生是我们实现中华民族伟大复兴的希望，他们的思想道德素质状况直接关系到全面建成小康社会的目标能否顺利实现。在新的历史条件下，加强大学生的思想道德素质教育，努力提高他们的思想道德水平，对于弘扬中华民族伟大民族精神和时代精神，在社会上形成良好的道德风尚，加快推进社会主义现代化建设具有十分重要的意义。

（二）科学文化素质教育

科学文化素质教育包括科学素质教育和人文素质教育两个方面，这两个方面又是紧密联系、相互渗透、不可分割的。科学文化素质教育的具体内容包括很多方面，从德育的角度来讲，大学生科学文化素质教育的重点在于培养两种精神—科学精神和人文精神。这两种精神是科学文化素质教育的核心。

1. 科学精神的培养

科学精神是人们从科学活动过程中和科学认识成果中提炼出来的价值准则和行为规范，是人类在漫长而艰巨的科学研究探索过程中逐渐形成而不断发展起来的一种主观的精神状态。科学精神激励着人们驱除愚昧、求实创新，不断推动社会的进步。无论是西方的文艺复兴，还是我国的五四运动，无不显示出科学精神的巨大作用和深刻影响。科学精神由于是在科学活动的过程中形成并发展起来的，因此，科学精神的内涵也随着科学活动的不断推进而不断得到充实和发展。在当代，科学精神有着新的时代内涵。科学精神的内涵很丰富，最基本的要求是求真务实、开拓创新。因此，对大学生科学精神的培养，重在培养以下几种精神。

（1）坚定不移的求真精神

科学研究是一种艰苦的工作，通向未知世界的道路绝对不是平坦大道，这条路上布满了荆棘，只有付出辛勤的汗水，矢志不渝，才会获得成功。

（2）尊重事实的务实精神

科学是老老实实的学问，来不得半点虚假和浮夸。只有尊重事实，从实际出发，以实践作为检验真理的唯一标准，才能正确认识客观世界，揭示事物的客观规律。

（3）勇于批判的怀疑精神

怀疑是一切科学创造活动的真正出发点。哥白尼从怀疑地心说而最终提出日心说，达尔文从怀疑上帝造人说而提出进化论，科学就是在不断怀疑批判前人学说的基础上获得进步和发展的。

（4）勇于开拓的创新精神

创新精神是科学得以创造和发展的精神动力和力量源泉。科学活动是从已知出发去探索未知从而发现和认识世界的，它在本质上是创造性的。提出新问题，解决新问题，得出新成果，是科学工作者的本职，也是衡量他们工作表现、价值大小的尺度。

2. 人文精神的培养

人文精神是一个民族、一种文化的内在灵魂和生命，是贯穿在人们的思维和言行中的信仰、理想、价值取向、人格模式和审美情趣。它是特定环境里各类精神价值的综合，是时代文化精神的核心。以人为本，关注人的现实存在和终极价值是人文精神的主旨，也是人文精神得以产生的源泉。

科学精神和人文精神是人类精神家园的两大支柱，二者之间是相互联系、相互渗透、相辅相成的。科学精神和人文精神都源于人们对至真、至善、至美的向往和追求，它们在本质上是一致的。科学精神的培育需要人文精神的辅助和支撑，人文精神的培育离不开科学精神的正确指导。离开人文精神的科学精神并不是真正意义上的科学精神，而离开了科学精神的人文精神也只是一种残缺的人文精神。因此，在大学生思想政治教育中，必须将科学精神教育和人文精神教育有机结合，克服只重视科学精神教育而忽视人文精神教育或者只重视人文精神教育忽视科学精神教育的错误倾向。

三、开放理念

（一）开放理念的基本内涵

开放的理念是指教育者不断开阔视野，勤于思考，吸取国内外优秀的文化传统，引导当代大学生努力培养宏观意识、开放的心态、遵循国际准则等意识，使大学生思想政治教育顺应时代和世界的潮流。

1. 宏观意识

宏观意识问题实际上是一个大局观的问题，"不谋全局者不足谋一域，不谋万世者不足谋一时"。所以，大学生思想政治教育工作要从现实的大局出发，统筹历史、现实、未来，形成宽广的视野。

在教育内容上，一方面，我们需要培养大学生用前后联系的观念看问题，善于从历史中分析问题的根源，并结合具体现实的问题，深入反思和剖析；另一方面，我们需要培养大学生的世界眼光和全局意识，使其认识到民族和国家的发展离不开世界，使其养成将民族和国家问题放到世界大背景下进行思考的习惯。

培养大学生纵览古今、纵览全局的意识折射出思想政治教育工作的开放性，这证明我们愿意从封闭的状态中走出来，用更加科学的理念指导思想政治教育工作。

2.开放的心态与意识

全球化是当今世界发展的基本趋势，各国之间相互依存度增强，为寻求更好的发展，各国以一种开放心态积极参与国际竞争与合作。在这种背景下，大学生思想政治教育要保持一种对别的国家、民族的新鲜感和敏锐力，不断吸取别国思想政治教育的经验。

在教育内容上，要注重对大学进行开放性教育，使其对别国文明持理解、认同、尊重、宽容的态度，并且要引导大学生学会从更广阔的视野里去理解自己所处的位置，看待和分析自己所面临的各种机遇和挑战。一个大学生只有将自己的个人命运与民族、国家的命运，与人类发展的命运，与整个地球的命运紧紧地联系在一起，才可能成"大器"。我们要塑造和培养的，就是懂得从我们民族、国家生死存亡的战略高度，从人类共同发展的大趋势中去奋斗、去拼搏的大学生。

3.遵守国际基本准则的意识

世界经济、文化的交融，需要共同的规则。而我国正处于社会转型期，法律还不健全，社会出现了一些"规范"的"真空"地带，这造成人们或不知所从，或言行不一。

规范意识不强是当代大学生的一个比较明显的缺陷。因此，在大学生思想政治教育中，对大学生进行开放理念和规范意识的教育是时代的必然要求，而这没有长期的遵纪守法意识的培养是不可能实现的。应当说，这也是开放理念的基本要求。

（二）树立开放理念的意义

在大学生思想政治教育工作中树立开放理念，对我们整体的思想政治教育工作具有重要的意义。

1.有利于深化大学生思想政治教育教学改革

第一，大学生思想政治教育虽然要结合我国国情，提出为我国社会主义建设服务的任务与要求，但在国际化潮流下，思想政治教育也需要考虑与国际接轨的问题，我们不但要培养合格的中国公民，还要培养合格的世界公民，这是大学生思想政治教育工作需要确立的新理念与新意识。大学生思想政治教育的民族性和世界性并不矛盾，反而是相互促进的，民族性越强就越具有国际意义，反之，不走向世界的封闭性并不利于民族性的进一步强化。

第二，在大学生思想政治教育中树立开放理念，对思想政治教育对象具有重要的实践意义。我们的思想政治教育必须从当代大学生的情感态度与价值观的实际出发，在目标、内容、方式、途径上符合大学生的特点。大学生思想政治教育工作中开放理念问题的提出，符合当代大学生的实际，它对改进大学生思想政治教育工作无疑具有重要的现实意义。

处于新时代的大学生乐于接受新鲜事物，不断尝试新的生活方式，富有竞争意识、平等意识和开放意识，具有较强的公民责任感。新形势下如何把握时代脉搏、紧跟时代潮流，以一种崭新的面貌和进取的精神来面对开放的世界，这是教育界十分关注的问题。对我国大学生思想政治教育而言，若不变革思想政治教育的内容与方法，还是用陈旧、过时的方式开展思想政治教育工作，就很难想象会在当代大学生中产生良好的思想教育效果。

2.有利于加快中国对外开放的步伐

大学生思想政治教育的一项重要内容，就是从中国的历史进程，特别是近现代历史的进程中充分认识改革开放的优越性，从而坚定走建设中国特色社会主义道路的信念。近代以来，中国与世界呈现出了一种双向互动关系，中国取得了飞速发展。当前中国正处于走向世界的黄金机遇期，需要"开放型"的人才贡献力量，大量"开放型"人才的培养又必然推动中国走向世界的步伐。

第四章 高校思政教育的价值和目标

第一节 高校思政教育的价值

一、高校思想政治教育价值概述

（一）重新审视高校思想政治教育价值的背景

1. 重新认识高校思想政治教育的价值是时代提出的客观要求

经济的价值凸现以后，还要不要讲政治？在党的工作重心转移到经济建设之后，如何认识高校思想政治教育的地位与作用，就成为人们普遍关心和有待进一步明确的问题。在这个历史性的转换过程中，自然会发生许多矛盾和曲折，人们的认识也不可能一下子到位。新旧价值观的转换，不会也不可能一下子正确到位，不可避免地会出现许多矛盾。在重新认识高校思想政治教育价值的过程中，也出现了一些问题和偏差。这些矛盾和问题集中表现在以下几个方面。

（1）从高度集中的政治化管制、道德化约束向以经济为中心的相对比较自由的社会价值体系转变，在这个过程中，又出现了极端的经济物质价值观，使整个价值倾向由一个极端走向另一个极端。

（2）在否定错误政治、道德观念及高校思想政治教育的过程中，出现某些个体否定政治、道德以及高校思想政治教育本身价值的倾向，使价值取向产生缺失。

（3）从原来封闭的、计划经济制度影响下的高校思想政治教育及道德观念，向相对自由的、开放的、市场经济条件下的高校思想政治教育及道德观念转变，在这个过程中，缺乏一个能掌控全局的有力的导向，从而出现了一些滞后的现象。

2. 充分认识高校思想政治教育的价值是回应挑战、增强综合国力的需要

我国的现代化建设是在对外开放的大背景下进行的，以积极的姿态走向世界，主动加入全球化进程是中国的理性选择；更重要的是，我们要在这一过程中坚持走自己的路，建设中国特色的社会主义，这无疑将使我们面临巨大的压力和挑战。从国内的情况来看，改革开放以来到今天，我国一直在审视走过的发展历程，总结以往的经验教训，对怎样发展实现什么样的发展进行了深刻的探讨和研究，紧跟时代的步伐，选择科学的发展。科学的发展必然和全球化进程有着千丝万缕的联系，全球化也正在迅速改变着我国的政治、经济和社会生活。这些客观存在必然在人的主观意识中反映出来。也就是说，这些都与思想意识紧密相连，必将在思想领域有所反映。如果忽视了全球化，忽视了全球化给大学生思想政治领域带来的影响，我们就会割裂思想政治与经济文化等的联系，将其放在一个孤立的位置，从而就会失去思想意识领域中的优势，也没有领导该领域的权力。全球化是一个日益加重的变化过程，伴随而来的是日益加重的综合国力的竞争和较量。而综合国力的竞争既包含国家硬实力的竞争，又包含国家软实力的竞争。国家软实力又涵盖了文化、意识形态等内容，这些内容的地位和作用也就愈加凸显出来，它们是新的力量来源甚至是更重要的力量来源。

3. 正确认识高校思想政治教育的价值也是社会发展观变革的必然要求

社会发展是当代的一个世界性主题。按照社会学的定义，社会发展是一种积极的社会变迁，是社会的一个过程。特定意义的社会发展则指社会的现代化。社会发展是一个富有时代特征的概念，它的含义与观念随着实际发展进程的深入，以及发展区域的不断扩大日趋丰富合理。特别是全球化进程在全球掀起了一股浪潮，它对世界现代化产生了前所未有的影响。各国在现代化发展的思想观念上逐渐发生了变化。

可以说，从以往单独的重视物质的、纯经济的因素到逐渐开始并加大力度重视精神、文化、环境等诸因素的和谐发展，从单一的经济增长到社会全面发展，从物的现代化到人的现代化，反映了时代的进步和人的自觉意识的增强。

（二）新时期高校思想政治教育的合理定位

传统高校思想政治教育，在我国社会主义革命和建设中曾经起过很大作用，这种作用是在特定历史条件下，为完成特定任务而发挥出来的。在相当长的时间里，"阶级斗争""政治运动"在我国社会中处于中心位置，"政治"可以冲击其他，"道德"高于一切。今天，在进行社会主义现代化建设的条件下，如果仍坚持推行"政治中心""道德至上"的价值观念，不可避免会产生两种结果：一种是政治中心、道德至上的取向，必然使经济、业务处于从属的甚至被忽略的地位，政治、道德价值的孤立凸现，也必定使其增强统领性、削弱服务性，而服务性的削弱又使其脱离服务对象——经济、业务，出现"两张皮"现象；另一种是政治中心、道德至上的取向，也必然使人们的实际利益得不到应有的关照而被忽视，与人们休戚相关的经济价值、业务价值并不会因为政治与道德价值的孤立凸现而长期退避。当人们感受不到脱离实际的抽象政治、道德的价值时，就会把它作为一种外在的东西，采取应付、逃避的态度，教育上的形式主义、教条主义也随之产生。这两种倾向的实质，仍是高校思想政治教育的价值问题。

（三）现代高校思想政治教育价值的内涵

高校思想政治教育从本质上讲，是一种精神生产活动。所谓高校思想政治教育的价值，"是人和社会在高校思想政治教育实践即认识活动中建立起来的，以人的思想政治品德形成和发展规律为尺度的一种客观的主客体关系，是高校思想政治教育的存在及其性质是否与人的本性、目的和需要等相一致、相适合、相接近的关系。这种关系是高校思想政治教育在其教育活动和社会关系中合乎人的发展（尤其思想品德的形成和发展）和人类社会进步（尤其精神文明的进步）的目的而呈现出的一种肯定的意义关系"。简言之，现代高校思想政治教育的价值，是高校思想政治教育对人和社会生存、发展的"意义""益处"或"有用性"。从表现形式上看，它属于精神价值，但可以转化为物质价值。

二、高校思想政治教育的特征

（一）客观性与主观性的统一

1.客观性

高校思想政治教育活动是客观的实践活动，因而，高校思想政治教育价值具有客观性。高校思想政治教育价值的客观性，指高校思想政治教育价值是客观的，是不以价值主体或评价主体的意志为转移的客观存在。这里主要包含三个方面的内容。

第一，高校思想政治教育价值主体是人，其具有客观性，这个客观性是人在自然界这个整体的客观存在决定的。

第二，高校思想政治教育价值客体具有客观性。单个的人聚在一起就组成了社会，这就决定了整个社会的客观性，这就使高校思想政治教育作为客观的社会活动同样具有客观性。高校思想政治教育价值客体虽然带有一定的主观选择色彩，但教育活动的组织者和参与者都具有客观性，教育活动的内容、方法、运行状态外部环境都是看得见摸得着的客观存在。

第三，高校思想政治教育价值的主客体关系具有客观性。整个世界是客观存在的，作为世界中的一个部分的联系也是客观存在的。高校思想政治教育价值不是实体范畴，而是关系范畴，存在于主体与客体的相互作用中，体现为客观对主体产生的各种影响，如当前深入学习科学发展观的宣传教育活动对我国构建社会主义和谐社会带来了巨大作用和影响，这是人们可以体会到的感性存在，具有不以个人意志为转移的客观性。

2. 主观性

第一，高校思想政治教育价值主体的不同思维方式、认识水平和实践能力等客观情况影响着高校思想政治教育价值。如，社会主义法制教育对知识分子能够产生正面价值，而对于一些已经习惯于用宗族伦理来判定事物的农民来说则可能产生零价值甚至是负价值。

第二，高校思想政治教育价值主体的不同需要及其在多大程度上意识到这种需要影响着高校思想政治教育价值。不同的主体需要和意识程度能够产生不同形态和大小的高校思想政治教育价值。

第三，高校思想政治教育价值主体的变化发展影响着高校思想政治教育价值。同一高校思想政治教育价值主体在不同时期、不同环境下会产生不同的需要，需要的改变直接影响到其接受政治观念的侧重点，从而产生不同的价值。

（二）社会性和历史性的统一

1. 社会性

意识源于客观的实践活动。高校思想政治教育作为意识范畴同样离不开客观的社会实践。从高校思想政治教育诞生的那一刻起，就与人类政治社会化需要的实践活动紧密相连。高校思想政治教育本身是一种实践活动的特性决定了它是一种客观的社会现象，因此其价值又具有社会性。高校思想政治教育价值的主体和客体以及主客体的关系、根源、评价标准和评价目标也具有社会性。这里主要包含以下三方面的内容。

第一，高校思想政治教育价值关系带有社会性特征。高校思想政治教育是客观的实践产物，经历了长期的发展变化，它是社会长期发展的产物。实质上是人的社会活动，在活动中建立起来的价值关系只能在社会中而不是在自然界中存活。

第二，高校思想政治教育价值的根源来自社会性需要。有了人的实践活动，才有高校思想政治教育，也才会反过来指导人的实践活动，从而彰显高校思想政治教育的价值。追根溯源，高校思想政治教育的根本目的是指导人的实践活动，从而满足人内心的生存或发展需要。根据联系普遍性的哲学原理可以知道，这种需要与主体周围的社会环境密切相关，从某个角度反映了社会状况。

第三，高校思想政治教育价值的评估是一种社会性活动。高校思想政治教育本身是一项客观的社会实践活动，因而，它的评估活动也是一项客观的社会实践活动。高校思想政治教育价值评估的主体是统治阶级或社会集团，它们在一定程度上代表了社会发展意愿、标准和尺度。如果高校思想政治教育起到了应有的良好的作用，它在一定程度上还代表了社会的整体需求，各种要素均呈现出鲜明的社会性属性。

2. 历史性

高校思想政治教育价值的历史性，指其随着历史的发展演变而产生相应变化。这里主要包含以下三方面的内容。

第一，高校思想政治教育价值主体随历史变迁而变化发展。作为价值主体的人同时也是社会的一员，在社会不可逆转的发展潮流中，人的认知、情感、信念、意志、行为都会随之变化。

第二，高校思想政治教育作为价值客体随历史演变而发展变化。社会进步推动生产力和科学技术不断向前迈进，多媒体的应用、网络的普及、以人为本的理念使高校思想政治教育充满着时代性和生命力。

第三，高校思想政治教育价值随实践的深化而发展变化。在人们实践能力逐步提高的大背景下，原有高校思想政治教育价值在社会中的地位会发生改变，如高校思想政治教育发展价值将受到更多重视；新的价值表现形式也会纷纷出现，如高校思想政治教育的生态价值和人才开发价值等。

（三）阶级性和实践性的统一

1.阶级性

高校思想政治教育是统治阶级为了维护其统治而开展的社会实践活动。因而，高校思想政治教育的价值自然而然地附带阶级性的特征。具体而言，高校思想政治教育价值的阶级性是指高校思想政治教育价值能够满足一定阶级或政治集团的需要，并且帮助该阶级维护统治政权和统治利益。高校思想政治教育的价值具有鲜明的政治性。不同时期、不同社会状态下的高校思想政治教育由于其价值阶级性的不同，因而也有着不同内涵和作用。我国的社会主义性质决定了我党是为无产阶级服务的政党，中国共产党长期重视高校思想政治教育，从来不回避自身的政治性，公开宣称它是为夺取政权、巩固政权服务的。在实践中，我们始终坚持以马克思主义理论为指导，把造就和培养社会主义新人、促进人的全面发展作为高校思想政治教育的根本目标。

2.实践性

高校思想政治教育只有经过具体实践才能彰显它的价值。高校思想政治教育价值的实践性，指通过具体的社会实践活动，来展开高校思想政治教育活动，从而实现它的价值。这里主要包含以下三方面的内容。

第一，高校思想政治教育价值的产生根源于社会实践。主客体关系必须在实践者与实践活动的关系中确立。通过主体的实践活动来实现高校思想政治教育的价值，而主体在这一过程中谋求需要的满足。

第二，高校思想政治教育价值的存在和发展有赖于社会实践。没有实践，如同没有了土壤的大树，高校思想政治教育就会像空中楼阁一样飘摇不定，缺乏生长基础，既不能将已有的价值关系继续维持下去，也不能推动这个已有的价值关系向更好的方向发展。

第三，高校思想政治教育价值评价只能在实践中完成。要对高校思想政治教育价值做出公正客观的判断，只有通过参与客体的实践活动、考察主体的实践行为等途径来完成，其过程本身更是一项实践性活动。

三、高校思想政治教育价值的类型

（一）按层次分类

1. 理想价值与现实价值

按价值的实现与否分，高校思想政治教育价值可分为：

理想价值，是指将来有可能实现但目前尚未实现的价值。当前我国高校思想政治教育理论价值是在中国特色社会主义理论体系指导下，具有共产主义道德品质的广大人民群众在促进社会全面发展的同时实现自身全面发展。

现实价值，是指已经实现或正在实现的价值。高校思想政治教育教育对象思维观念的转变、心理困惑的消除、良好习惯的养成都是现实价值的外在表现。

高校思想政治教育的现实价值和理想价值相互联系、相互促进。现实价值是理想价值的实现基础，主体只有在现实价值实现后才具备获得理想价值的条件；理想价值是现实价值的目标指向，对现实价值具有激励、促进和引导作用。

2. 直接价值与间接价值

高校思想政治教育的价值有的是以直接的方式实现的，有的是以间接的方式实现的，从这个角度划分，可分为直接价值和间接价值。下面分开来介绍。

高校思想政治教育直接价值是指高校思想政治教育活动满足人的意志、观念、情感、信仰等精神因素需要，不需要中间环节而直接引起教育对象的思想变化。教育者将社会要求的政治思想、道德规范传递给教育对象，调动他们的工作创造性和劳动激情，促进他们思想道德素质的提高，使其精神状态发生积极改变，这都属于高校思想政治教育的直接价值。高校思想政治教育间接价值需要经过直接价值的转化才能够实现，指的是教育对象在高校思想政治教育的激发下，将精神动力转化为良好行为，以此促进社会的进步和发展。高校思想政治教育是作用于人脑的实践活动，因而，可以说，高校思想政治教育直接作用于人的思想，也就是精神世界；间接作用于人的行为，也就是物质世界。

物质世界和精神世界本身有着千丝万缕的联系，因而，高校思想政治教育的直接价值和间接价值也有着密切的联系。直接价值是间接价值的基础和起点，它为间接价值提供支撑，间接价值是直接价值的拓展和延伸。高校思想政治教育要在实现直接价值的基础上实现间接价值，在实现间接价值的过程中体现直接价值。

3.长期价值与短期价值

按价值的持续时间分，高校思想政治教育价值可分为长期价值和短期价值。高校思想政治教育长期价值是指高校思想政治教育活动可以在较长时间内产生良好的教育效果，对人和社会的影响较为深远，比如，马克思、恩格斯等革命导师的经典著作和奋斗精神，影响着许多人的一生，引起了世界格局的巨大改变，具有经久不衰的独特魅力。高校思想政治教育短期价值是指高校思想政治教育活动能够在一个较短的时间内取得成效，满足主体的需要。比如在关键时刻对主体进行高校思想政治教育，能够迅速调动起主体克服困难的勇气和完成任务的积极性，顺利完成既定目标。尤其在处理突发性事件和群体性事件上，短期价值更不可小觑。

高校思想政治教育的长期价值和短期价值都非常重要，我们应当从短期价值着手，在其基础上进行持续性的教育和引导，力求实现长期价值；在长期价值的实现过程中，尽可能多地创造短期价值，在多次价值实现中强化高校思想政治教育效果，满足人和社会不同方面的需求。

4.继承性价值与发展性价值

按价值的实现效果分，高校思想政治教育价值又可分为继承性价值和发展性价值。高校思想政治教育继承性价值是指高校思想政治教育活动使国家和社会的良性运行状态得以维持，保证人的思想道德品质不受干扰和破坏。在国际政治、经济势力相互博弈、东西方文化交融激荡的时代背景下，如何充分发挥高校思想政治教育的继承性价值，保持中华民族的传统美德和奋斗精神显得尤为重要。高校思想政治教育发展性价值是指推动社会向更高目标或更好状态迈进，推动人的思想道德水平不断提升，帮助人和社会取得创造性成果。

（二）按形态分类

1.正面价值与负面价值

按价值的性质分，高校思想政治教育价值可分为正面价值和负面价值。正面价值是指高校思想政治教育活动较好地实现了国家和社会的高校思想政治教育目的，推动人的思想政治品德向更高层次发展。在我国，高校思想政治教育者按照党和国家的总体目标，根据教育对象的实际需求选择有针对性的内容和方法开展高校思想政治教育活动，大多都能取得正面价值。高校思想政治教育负面价值有两个层面。

（1）零价值

零价值即高校思想政治教育活动没有达到国家和社会的高校思想政治教育目的，对人的思想品德也没有任何改变。如果高校思想政治教育活动定位于应付领导和上级部门的检查，停留在"追潮流、走形式、搞过场"上，大量的时间和精力只能白白浪费，零价值现象就会出现。

（2）负价值

负价值即高校思想政治教育活动妨碍了国家和社会的高校思想政治教育目标实现，甚至破坏了原有的高校思想政治教育成果。近年来，少数高校思想政治教育者欠缺理论水平和奉献精神，存在欺上瞒下、弄虚作假、投机取巧的行为，严重损害了高校思想政治教育的形象，其负价值显而易见。

2. 真实价值与虚假价值

按价值的真假分，高校思想政治教育价值可分为真实价值和虚假价值。可以这样理解，任何实践活动都不一定会取得预定的成果，对于高校思想政治教育而言，这个道理同样适用。高校思想政治教育真实价值就是指高校思想政治教育达到了预期的目的，高校思想政治教育的属性和功能方面实现了人和社会的需要。真实价值必须符合两个条件：一是教育对象具有接受高校思想政治教育的内在需要；二是高校思想政治教育对号入座，其属性正好能与所面对的教育对象的需要相契合，自身功能也得到充分发挥。高校思想政治教育虚假价值是指人和社会某种需要的满足，并非来自高校思想政治教育的自身属性和功能，而是从其他附加物中获得的。忽视主体尺度和客体属性的结合，顾此失彼，或二者全然不顾，就会导致高校思想政治教育真实价值的缺失。

3. 目的性价值与工具性价值

按价值的取向分，高校思想政治教育价值可分为目的性价值和工具性价值。目的性价值是指高校思想政治教育引导人正确地认识自身发展诉求，充分发挥人的主体性、能动性和创造性，最终实现人的全面发展。工具性价值是指高校思想政治教育作为无产阶级统治的工具，培养出符合社会主义国家意志和社会要求的人，以此来维系社会生存、促进社会发展、实现社会有效管理。工具性价值与目的性价值在高校思想政治教育中内在统一、不可分割。单一追求目的性价值容易无限扩大人的主体属性，掉入"人本主义"的深渊，丧失社会主义教育的政治优势；极端强调工具性价值则会陷入以阶级斗争为纲的错误思维，将阶级统治作为教育的唯一功能，漠视人的主体性，背离高校思想政治教育的本质。

4. 显性价值与隐性价值

按价值的表现方式分，高校思想政治教育价值可分为显性价值和隐性价值。显性价值是指高校思想政治教育效果通过语言或行为向外界充分呈现，成为价值判断和评估的依据。通过高校思想政治教育，人们认识到自身的不足或错误，继而做出明确的语言或行为反馈，如工人们纷纷表示要在生产中提高责任意识、保证产品质量，学生们下定决心努力学习、争取最好成绩等。隐性价值是指高校思想政治教育效果相对而言比较隐蔽，它并没有表现在表面，像显性价值一样，通过某种途径或载体表现出来，而是对其效果暂时无法妄下结论，处于无法评判或考量的隐蔽状态。比如，一些高校思想政治教育对象在接受高校思想政治教育后，虽然在思想观念上有一定的效果和变化，但是却没有通过他的行为表现出来，也没有明确的教育效果的信息反馈。此时，人们就无法很快获知高校思想政治教育活动是否起到了有效的作用以及起到多大的作用，因而也就无法判定和衡量其价值。这种潜藏的价值状态就是高校思想政治教育的隐性价值。

（三）按群体分类

1. 社会价值

是指高校思想政治教育以其属性和功能对社会主体需要的满足。

（1）政治价值

高校思想政治教育是阶级社会的产物，因而，在高校思想政治教育的各种各样的价值当中，政治价值居于首要地位，并起着导向作用，它决定着一个人的政治立场，折射出我国的社会主义性质，并引领人民走向社会主义的高级阶段。高校思想政治教育是作用于人脑的实践活动，它通过传播主流政治意识，使个体达成一致的政治认同，从而为政治统治的合法性提供辩护；同时，它对精神文化进行一定的约束，通过营造舆论氛围，以求赢得民心，继而引导政治行为，达到维护社会的政治稳定的最终目的；通过政治文化的传承、创新和变革，和谐政治关系；通过培养一代新人，造就政治人才，构建合理完善的政治机构，促进政治关系的再生产。总而言之，高校思想政治教育在维护当前政治、促进上层建筑发展的过程中，起着十分重要的作用。表现为：加强高校思想政治教育可以扩大政治认同，达成政治共识；维护政治稳定，平衡利益冲突；营造舆论氛围，进行社会动员；造就一代新人，促进政治发展。总之，高校思想政治教育正是通过培养人、造就人，提高人的素质，促进社会的政治发展。

（2）经济价值

是指高校思想政治教育通过调动受教育者的积极性，促使其主动参与经济建设以促进经济发展的价值。

市场经济受价值规律的制约，因而，市场经济是自由的经济，如果没有了政府的宏观调控，缺乏必要的社会规范和道德监督和约束，那么就很容易出现市场秩序混乱不堪、不正当的经济竞争频繁发生，以致出现经济垄断的极端局面，这就很难确保人类自然资源和生态环境的合理使用，最终导致经济发展停滞，高校思想政治教育对社会主义市场经济发展的促进作用在于以下方面。

第一，培养具有良好品德的经济建设人才。高校思想政治教育虽不传授经济领域的专业知识，但可以对经济建设人才进行经济道德、规范、法则等教育，指导他们开展符合国家和人民利益的经济建设行为，为社会主义经济发展提供人才保证。

第二，优化经济发展环境。高校思想政治教育和经济发展的关系上文已经有所阐述，由上文可以得出，高校思想政治教育关系到精神文明建设的同时，还关系着经济文化、经济伦理和经济思想，它引导人们进行合理的经济竞争，并提倡人们树立合理、科学的消费观，响应党的号召，为自然、社会、个人谋求全面、协调、可持续的发展，有助于形成有利于经济进步的认识环境、道德环境和社会心理环境，从而为人类更好地发展做出贡献。

（3）文化价值

高校思想政治教育的文化创造主要在于对教育事业的整体促进和对社会主义人才培养。

第一，文化选择价值。高校思想政治教育的文化选择主要表现在两个方面，一是肯定选择价值；二是否定选择价值。肯定选择就是吸收、继承和弘扬与高校思想政治教育目的和方向一致的文化因素，否定选择就是排斥、抵制和摒弃与高校思想政治教育目的和方向相悖的文化因素。

第二，文化创造价值。高校思想政治教育帮助成才者选择成才目标、养成良好的思想政治品德、进行创造性思维的训练，培养具备创新精神和创造能力的社会主义建设人才。

（4）生态价值

高校思想政治教育的生态价值是由高校思想政治教育实践活动创造的，最终也要转化为现实的生态行为。高校思想政治教育从正反两个方面发挥作用。

第一，对良好生态行为的导向和强化。高校思想政治教育通过组织环保宣传活动，倡导正确的生活方式，鼓励公众全面参与生态环境建设并树立榜样，努力在全社会形成提倡节约、爱护生态环境的行为导向。

第二，对不良生态行为的辨别和纠正。高校思想政治教育提倡人与自然和谐共处的原则与方法，辨别各类行为是否有助于保持生态平衡，及时发现并纠正违背生态科学发展规律的错误行为，指导人们在实际生活中互相监督和自我约束。

第三，在高校思想政治教育中，引导人们树立科学的生态世界观，增强生态责任感，是高校思想政治教育生态价值的重要方面。

2.集体价值

整个社会群体中，除了个体以外，群体占相当大的比重。所谓集体就是由多位成员组成的集合体，高校思想政治教育的集体价值是指高校思想政治教育活动对这个集合体的存在和发展需要的满足。集体价值的大小就是这个满足程度的大小。个体价值与集体价值的关系正如个体与集体的关系，个体价值凝聚成集体价值，并推动着集体价值更加优化。主要表现在：

第一，强化集体认知。高校思想政治教育让每一位成员都充分认识到集体是连接个人与社会的重要纽带，是个体自我价值实现和全面发展的平台；认同集体价值观念和行为准则，认可其对成员的制约和影响；支持集体发展规划，确认集体目标的科学性和合理性。

第二，深化集体情感。集体情感是集体成员对集体态度的一种体验，不是理性的推导，而是日积月累形成的非理性结果，而高校思想政治教育的人性化优势能够使集体成员渴望成为集体中的一分子并以此为荣，在集体面临困难时不离不弃、共渡难关。

第三，坚定集体信念。高校思想政治教育能够维护集体成员的忠诚度、责任感和荣誉感，增强自信心和自豪感，鼓舞成员以高昂的斗志齐心协力地应对外来竞争，坚信集体目标一定会实现。

3. 个体价值

高校思想政治教育的个体价值，就是指高校思想政治教育对以个人为单位的个体需要的满足。具体说来，这个个体价值的内容包括个人利益能否实现、个体需要满足的程度等。高校思想政治教育往往被看成是统治阶级巩固统治的手段和方法，而个体价值让人们清楚地认识到高校思想政治教育不仅关乎遥远的上层建筑，而且关乎自身的实际利益。它不是一种外来的甚至强加于人的东西，而是与人自身的生存和发展息息相关。现代高校思想政治教育的个体价值具体表现在：

（1）决定个体政治方向

在新世纪新阶段，加强对个体的高校思想政治教育，提高个体的思想政治素质，把个体的思想和行为引向积极、健康的方向，有利于保证我们在日益激烈的国际竞争中保持优势，巩固我们在国际中的地位。就国内状况而言，它有利于我们继续坚持走社会主义道路，全面建设小康社会，加快推进社会主义现代化进程，并培育社会主义建设的接班人，完成中国梦的伟大复兴。高校思想政治教育通过先进理论的灌输教育，使个体形成科学的世界观、人生观、价值观，促进个体加快社会化，成为这个时代的要求，也是高校思想政治教育的必然逻辑。

（2）激发个体创造力

高校思想政治教育在培养、激发和增强人的能力尤其是创新能力方面发挥着重要作用。它通过运用多种手段，激发人的行为动机，启发人的思想觉悟，调动人的积极性、主动性和创造性，帮助价值主体形成和提高自己的创造力，并在此基础上促使个体价值的实现。

（3）促进个体人格完善

高校思想政治教育依据人的思想动机与行为的相关性，一方面通过普及科学知识，灌输科学理论，使受教育者不断明确自己的奋斗方向；另一方面，坚持理论联系实际，加强社会实践活动，通过这种特殊的实践形式，使人们意识到思想政治教育的巨大作用，从而实现高校思想政治教育的价值和受教育者自身的价值。

第二节 高校思政教育的目标

一、高校思想政治教育目标的类型

（一）社会目标、群体目标与个体目标

1. 社会目标

所谓社会目标，指的是在一个国家内全社会的高校思想政治教育所要达成的目标。任何目标的确立总会有一定的依据，而不是空穴来风。适应和满足当前的社会发展需要，是制定和确立高校思想政治教育目标的根本依据。高校思想政治教育的社会目标一般是远期目标，需要经过相当长的时间持续努力才能实现的高校思想政治教育目标。它贯穿于高校思想政治教育的全过程，反映的是社会发展的客观趋势和长远需要，是高校思想政治教育最终要达到的预想效果。

其具有根本性、全局性和战略性，它对高校思想政治教育和人们的思想行为有着重要的战略指导作用。现代化建设新时期要求我们既要搞好物质文明的建设也要搞好精神文明的建设，强调物质文明建设和精神文明建设"两手抓，两手都要硬"。这个高度的社会主义精神文明，就是改革开放20多年来我国的高校思想政治教育不断追求的社会目标。

2. 群体目标

人是社会的人，它的存在主要是以群体的方式存在的，因而，高校思想政治教育的目标也是一个群体目标。群体目标，这里的群体主要是指具有相同或相似特征的个体所组成的社会团体，顾名思义，群体目标就是高校思想政治教育对这些团体所要达到的目标。群体是由个体而组成，这些个体往往在某些方面具有相同或相似的特点，如职业相似、收入相近、年龄相仿，或者性格爱好相投，有时候也可能是身体状况、居住地、家庭条件等的相同或相似，这些因素会将不同的个体归类成不同的社会群体。在这些不同的社会群体之间，在许多具体方面又有一定的不同。例如，这些社会群体的生存境遇、理想追求、现有社会地位、对社会的价值判断等，这些具体因素的不同必然会使这些不同的社会群体遭遇各不相同的思想道德和政治观念问题，因此，根据所针对的不同群体，明确高校思想政治教育的具体目标十分必要。

一个很鲜明的例子是，我们一直常抓不懈的职业道德教育、官员道德教育、医德医风教育、青少年道德教育、大学生的价值观教育、教育工作者的教育等等，要想取得实效，就必须首先进行相应的高校思想政治教育群体目标的科学设计。在现阶段向市场经济过渡的社会转型期，党和政府对农民、下岗工人、失业者、残疾人等社会弱势群体的特殊关照，无疑也要辅之以深入人心、温暖人心的思想政治工作。这种思想政治工作的实效性，同样依赖于对不同的群体目标的科学设计。

3. 个体目标

个体目标，顾名思义，高校思想政治教育对社会个体成员所要确立个体目标，这个个体目标的实现过程，可以是大到学校、社会，小到家庭、家人对个体的长期培养教育，最终达到人格目标的实现；这个个体目标也可以锁定在特定时期、特定实际问题，通过高校思想政治教育的活动达到即时目标，以解决实际问题。总之，无论是随处可见，以至于有些雷同相似的人格目标还是各种各样具体的即时目标，由于它们都属于个体目标的范畴，所以和相对应的社会和群体目标相比，它们无疑具有强烈的个性化特征。因此，在确立个体目标时，要遵循马克思主义哲学科学方法的指导，做到所阐明的"具体情况具体分析""一把钥匙开一把锁"，将理论和实际紧密结合。

（二）人格目标与即时目标

具体说来，人格目标与即时目标其实都属于个体目标的范畴，是根据对个体的高校思想政治教育所着眼问题的性质而做的分类。倘若教育者着眼于受教育者的人格培养、人格塑造，此时的高校思想政治教育目标可称为人格塑造目标或人格目标；倘若教育者着眼于帮助受教育者解决当下面临的实际问题而端正其思想认识、提高其思想水平等，此时的高校思想政治教育目标可称为即时目标。人格目标是高校思想政治教育的带有长期性、根本性和终极性的个体目标，而即时目标则是高校思想政治教育的带有迫切性、经常性和反复性的个体目标。人格目标对于即时目标具有指导性和目的性，而即时目标则是实现人格目标的基础和手段。如果说人格目标是结果的话，无数即时目标的累积则是获得这一结果的必经过程。因此，人格目标和即时目标是相辅相成、不可分离的辩证统一的关系，对其中任何一个目标的忽视，都必然导致高校思想政治教育的失效。人们很难设想，仅仅埋头于日常琐细思想问题的解决而忘记人格培养的大方向，或者仅仅热衷于高尚人格的说教而不解决具体问题的高校思想政治教育，会是成功的高校思想政治教育。

二、当代中国高校思想政治教育的目标

（一）当代思想政治工作目标的内涵

1. 反映了时代要求和中心任务的需要

当代高校思想政治教育工作的最终目标是为社会主义建设事业服务的，它紧跟时代步伐，反映了我们党和国家奋斗目标的时代要求，反映了党在新时期的中心任务的需要。就我党的最终奋斗目标，是要达到并实现共产主义，从社会主义的初级阶段走向社会主义高级阶段。马克思主义社会经济学对共产主义制度的阐述和构想是，共产主义社会的实现不是一蹴而就的，它和任何新生事物一样，都要经历一个从萌生、发展、成熟到最后终结的曲折过程，这个过程对于共产主义社会而言，是一个漫长的历史发展过程，它不是一下子就走向成熟的，中间会经历许多历史阶段，每个历史阶段的发展目标不同，因而任务、特征、难易程度和历程等也不同。我国对于共产主义的理解和实践有着鲜明的中国特色，在每一个发展阶段，我国的社会经济、政治、文化的发展水平不同，党和政府会根据这些具体的现实情况的不同，确定出每个时期的中心任务。根据目前我国各个方面的发展情况，可以明确我国当前并将在未来的很长时间内都处于社会主义初级阶段，这个大前提，决定了我国建设社会主义现代化，最终实现共产主义要先踏实走过这个社会主义初级阶段，而不能逾越这个历史阶段。在这个初级阶段中，党提出了相应的基本路线与纲领，即把我国建设成为富强、民主、文明的社会主义现代化国家的奋斗目标。

2. 它反映了工作对象的思想政治品德现状和发展的需要

高校思想政治教育工作的最终目的是为了社会主义建设事业服务的，因

此，它的首要目的是提高人们的思想觉悟和认识水平。使理论能够结合实际，用到现实的生活中来，用马克思列宁主义、毛泽东思想、中国特色社会主义理论体系武装人们的头脑，提高人们的思想道德素质，从而加强人们认识世界、改造世界的能力。高校思想政治教育工作的展开涉及传播者和工作者两个具体的对象，思想政治工作其实质就是思想政治的授受过程，因此，思想政治工作目标和高校思想政治教育工作对象的客观状况有着很密切的联系。工作对象的客观状况具体包括以下三个方面：一是工作对象自身的思想政治品德现状；二是根据其知识结构水平、思想认识、身心发展的实际情况，工作对象思想政治品德的形成、发展和变化规律；三是工作对象把思想政治品德"外化"为实践、知行统一、行为践履的客观状况。所以在实际工作中，我们必须对工作对象及广大人民群众的思想状况做详细考察，既要认识到一些不良的思想行为，如极端个人主义、拜金主义在相当范围内的泛滥，又要认识到人民群众有高度的自我教育和改造能力，可以通过细致到位的思想政治工作克服这些不良思想倾向的影响，这样才能科学地把握现阶段思想政治工作目标的内涵要求。反之，如果对工作对象的思想实际了解不深、掌握不多，甚至一无所知，对工作对象的思想行为发展趋势不能准确地把握预测，那就好像农民不懂庄稼、医生不懂病人、教师不懂学生一般，便会出现思想政治工作者把工作内容强加于对象，使工作陷入唯心主义泥潭的局面。其实，这种现象在实际工作中并不少见，有些思想政治工作者，不仔细研究工作对象客观状况，不以改造工作对象的思想行为为己任，在他们的工作中，不针对工作对象的思想状况，体现不出工作对象的个性特征，当然也实现不了提高工作对象认识水平的目标要求。

总之，思想政治工作的目标是依据并顺应社会发展的客观要求提出的，是为完成认识世界和改造世界从而推动社会发展的历史使命提出的，它反映了客观世界发展的本质规律。科学的思想政治工作目标，面向着客观世界、依赖于客观世界，客观世界规定了目标的内容和性质。目标所体现的党和国家的奋斗目标、工作对象的思想状况、历史实践的需要，都要受到社会客观条件的制约。我们只有根据目标所反映的客观要求加强和改进思想政治工作，才能使工作紧跟形势，体现出时代特色，适应需要，推动社会发展。

（二）当代政治思想教育目标的内容

1. 政治目标

政治目标就是当代高校思想政治教育在政治素质方面的目标。思想政治工作首先应帮助人们具备基本的政治要求，即用爱国主义思想教育工作对象，使其成为一个忠诚的爱国主义者；其次，应使人们努力学习马克思列宁主义、毛泽东思想、邓小平理论。当前，要以邓小平理论为指导，确立民族的精神支柱，教育学会用科学的思想政治观念武装头脑，正确认识人类社会历史发展的客观规律，把握中国特色社会主义奋斗的方向和目标；最后，还不应忽视帮助人们树立社会主义民主法制观念，使广大人民群众都能知法、懂法、守法，并学会运用法律武器保护自己的合法权益，维护社会的稳定。

2. 思想道德目标

思想政治教育在思想道德方面也有着重要作用。要使人们在继承传统美德的基础上，发扬社会主义道德，树立以为人民服务为核心的、集体主义为原则的道德观，从而能正确处理个人、集体、国家之间的利益关系，当个人利益与集体利益、国家利益发生矛盾时，自觉地以个人利益服从集体利益、国家利益，从而使良好的社会公德、职业道德和家庭美德在全社会得到进一步的弘扬。

3. 观念能力目标

思想政治工作应进一步解放人们的思想，克服旧观念的束缚，帮助人们树立适应社会主义市场经济发展的竞争、自主、平等、创新、开拓等新观念；培养人们的观察能力、分析能力、辨别能力、创新能力等，特别应帮助广大人民群众能自觉识别抵制封建主义、资本主义腐朽思想、迷信思想的侵蚀，树立科学观念；新时期思想政治工作还应注意人们的心理健康问题，帮助人们加强在激烈竞争的环境中的心理承受力和心理调适能力，使之具备良好的心理品质，培养自尊、自爱、自律、自强的优良品质；最后，我们还应注重工作对象的善恶观念和审美能力的提高，帮助人们树立正确、健康的审美观，提高人们辨别美丑、创造美的能力。

第五章 当代高校思政教育的实践

第一节 当代高校思政教育的实践性分析

一、思想政治教育实践向宏观领域的拓展

（一）思想政治教育实践向国内领域的拓展

1. 思想政治教育实践向国内领域拓展的必要性

在新时期，思想政治教育实践向国内领域的拓展是指思想政治教育必须坚持社会主义现代化建设的政治方向，以坚持并不断丰富和完善社会主义核心价值体系，作为思想政治教育的主题，思想政治教育实践在国内领域拓展包括，在开放条件下而向社会主义制度的完善、在现代化建设中面向民生发展、在竞争条件下面向民族未来、在纷繁复杂的条件下面向人民群众的心理、在科学发展观指导下面向生态环境文明、在信息化大时代背景下面向网络世界和虚拟世界，因此，一方面，思想政治教育实践在新时期必须实现其理想信念教育功能，帮助树立正确的世界观、人生观和价值观；实现其民族精神教育功能，引导增强民族自尊心、自信心和自豪感。

2. 思想政治教育实践向国内领域的拓展的基本原则和内容

（1）实现思想政治教育实践的观念更新

第一，要坚持改革开放的观念。随着世界经济发展和区域经济一体化的发展，科学和技术发展所带来的"地球村"、"全球化概念"各国家的文化相互激荡，各领域和交叉学科相互渗透，极大地扩展了社会开放程度，提高人的社会化。思想政治教。实践面临着开放的大舞台，必须改变传统的教育观念和教育制度，建立先进的教育理念和开放的教育制度才能和现代社会的发展相一致。

第二，要坚持发展的观念。世界经济、文化、教育、科学、技术等各个方面都在激烈竞争中不断发展壮大，改革和竞争彻底地改变了传统的社会发展缓慢，低迷的形势，成为在现代社会发展的动力，在社会各领域快速、全面发展的新形势下，思想政治教育实践必须在竞争中不断改革，在改革中不断发展，完成为促进社会全面发展的使命。思想政治教育的发展，既要拓展新的领域，又要继承和弘扬传统，给传统以新活力，发展、创新，不断形成新的理论和方法。

第三，要坚持创新的观念。无论是在自然经济条件下，还是在计划经济体制下，思想政治教育实践都倾向于千篇一律，即统一的教育要求和评价标准，单一的教育内容和教育教学模式，这种简单的思想政治教育不适应社会主义市场经济的发展，也不适应信息社会的要求，现代社会的开放、竞争和发展，客观上使人们的自主性、选择性提高，为人们提供了一个有创造性的主观条件，因此，思想政治教育实践在现代不能再像过去只会注意传达、解释、理解，必须以马克思主义为指导，紧密结合现代社会、创造性地开展工作。思想政治教育实践领域拓展必须体现主导性与多样性相结合、先进性和广泛性的要求，才能呈现生动多彩的局面，思想政治教育要理论与实践相结合，有效地调动人们的主观能动性，最大限度地开发人的潜能和人力资源的培养。

（2）实现思想政治教育实践的体制创新

第一，要实现思想政治教育实践体系的现代化。思想政治教育体系，包括思想政治教育决策和管理制度、工作原理，首先，思想政治教育体系的现代化是决策机制、管理的民主化和科学化。教育决策、管理的民主化，是充分尊重、充分发挥人在决策机制、管理机制上的自主性和创造性，让更多的人关心思想政治教育。所以思想政治教育在实践中要组织更多的人参与决策和管理，积极参与各种活动，思想政治教育实践是和人的全面发展和切身利益相结合的，只有经常倾听别人的意见，满足人们的发展提高的需要，才能保证思想政治教育决策和管理的科学性；与此同时，决策和管理要遵循科学，利用科学的方法，根据思想政治教育规律与经验，改变过去的传统方式，尽可能减少和避免决策和管理的错误。

第二，要实现思想政治教育实践内容的现代化。思想政治教育内容是最能体现和反映时代特点和前景的，选择什么教育内容非常重要。

第三，要实现思想政治教育实践手段的现代化。传统的思想政治教育工作手段单一、方法单调、储存、加工和传输信息少，效率较低。这种情况与现状已经不适应，因此，改革教育手段，应用现代科学技术和消息技术足思想政治教育实践手段现代化的重要途径。

（二）思想政治教育实践向国际领域的拓展

1. 思想政治教育实践向国际领域拓展的必要性

坚持对外开放是我国的一项基本政策。对外开放引进西方科学技术和治理经验，为我国广大民众了解世界、增长知识、开阔视野提供了更加有利的条件。一方面，为了适应这一基本国策的需要，我们就必须面向世界培养大批优秀合格人才。这样的人才不仅要具备参与全球化竞争的科技水平，也要具备面向世界的思想、政治、道德、心理和文化素质。面对各国文化差异与价值冲击，更加保有客观理智、科学发展的社会主义人生观和价值观；投身于全球化经济、文化、科技、军事竞争，更加保有勇者无畏和自强不息的精神气节。

2. 思想政治教育实践向国际领域拓展的基本原则和内容

（1）要借鉴国际思想政治教育实践的先进经验

思想政治教育实践向国际领域拓展，我们就必须首先加强国际意识，打破思想政治教育因不同社会意识形态无法接触和交流的思想障碍，扩大同资本主义国家，特别是发达资本主义国家的交流，增进理解与沟通和比较、鉴别、参考，吸收别人的有用的东西来发展自己。

在思想政治教育实践中，面向国际，我们应该借鉴国外道德教育的方法，注重道德思维训练和道德能力培养，帮助受教育者掌握认识问题的方法，提高分析问题、解决问题的能力并形成正确的立场、观点和方法，道德的形成到道德行为姑一项长期的、更复的过程中，只有重视发展受教育者的道德思维、培养道德实践能力培养，才能保证教育者真正具备较高的道德品质。国外高度电视思想政治教育和社会教育对象的现实生活，因为思想无时无刻不受到周围自然环境的影响。我们也必须有"大政工"的理念，调动一切因素、手段，包括家庭、学校、社会和大众传媒，注重营造气氛。使人们受到良好的精神洗礼，成为合格的公民。

培养人才适应国际社会发展的能力。面对复杂的国际环境，思想政治教育实践要向国际领域的拓展，就要培养适应国际社会发展能力的人才，培养年轻人才的分析推理能力，选择吸收能力，适应生存能力和自主发展能力。在从事激烈的国际竞争中，增强民族的凝聚力，锻炼意志，学会适应，思想政治教育实践的国际发展，必须预防和抵制信仰危机、精神世界的庸俗化和道德沦丧，寻求感官享受等带来的各种不良倾废的现象。

（2）要坚持正确的"意识形态"，把握正确的政治方向

毫无疑问，经济全球化是当代社会影响重大而深远的，它触动、改变世界经济、政治、文化结构，构成了当代世界上的每一个国家，每一个国家和每个人发展的新环境，使这个世界成为社会和个人发展的基本走向现代化。在这样的背景下，思想政治教育实践在世界发展必须坚持走自己的道路。

二、思想政治教育实践向微观领域的拓展

（一）思想政治教育实践向心理研究领域拓展

1.思想政治教育心理研究的意义

在全球化、现代化和社会主义改革实践的时空境遇下，各种现实因素的相互交织生成多元化的思想观念、价值意识和行为方式，这是现代社会"四个多样化"过程中的客观现象，这些思想和行为方式改变了传统社会场景的角色定位，模糊了不同角色和行为的界限，造成个体在不同角色的标准和规范的转换中失序，引发社会交往和心理的冲突。

2.思想政治教育心理研究的个体原因

思想政治教有理应向个体心理层面拓展，以提高思想道德教育主体生成的有效性，思想政治教。是针对受教育者的思想活动进行教育。而受教育者的思维活动规律是和心理活动紧密相关的，传统的思想政治教育无视忽视受教育者的心理需求和发展需求，忽视人的心理素质对政治JK质的影响，很难使受教育者产生共鸣，教育效果总是不够理想，所以，思想政治教育与心理健康教育结合可以提高思想政治教育工作的科技含量，提高教育的实效，在思想政治教育积极介入个体内心世界的过程中，要建立思想政治教育心理研究的范畴和分析框架，借鉴心理学的理论和方法建构基于思想政治教育的模式和方法，建立心理健康教育与思想政治教育相结合的机制，用思想政治教育的理论与方法整合心理咨询、心理诊断、心理干预等。

3.思想政治教育与心理研究的一致性

传统的社会关心的是对个人的政治思想和行为的要求，忽视受教疗者的心理需求。其实，思想政治教育理念内在的包含心理健康教育的内容，两者具有内在的一致性。一是教育的目的都是要树立人的正确的世界观、人生观和价值观，充分挖掘自身潜力，培养良好的综合能力，为祖国的建设打下了坚实的基础，二是教育过程通常是一致的，都要经历相互联系、密不可分的知、情、意、行四个阶段，即教育者对受教育者"晓之以理，动之以情"，三是它们都是有关理想、意志、性格和教下下的活动。因为信仰上的崇高理想，坚强的意志不仅可以使人们有一个良好的政治素质、思想素质，还可使人具有良好的心理素质。四是二者是相互联系、相互促进的，思想政治教育是心理健康教育坚持正确方向的保证，心理健康教育是思想政治教育不可缺少的内容，是进行思想政治教育的切入点和起始点，心理健康教育更贴近受教育者的生活，注重受教育者情绪调适、人际关系、应对挫折的态度等，尤其在对受教育君个性和健康的情感的培养等方面具有不可替代的作用。

4.思想政治教育与心理研究的差异性

要防止思想政治教育被泛化为"社会心理研究"和西方式的心理咨询。在这一过程中，应避免心理咨询无关价值指涉和价值中立，而与思想政治教育价值介入相冲突的认识误区。这在于心理困境往往是因自我价值观念与外界"对冲"而导致情感、情绪上的失衡，当咨询人员用经过科学研讨所形成的基本价值观念帮助咨询者摆脱心理困扰时，已经蕴涵看摆脱自我价值认识的局限性。因此，在建构基于思想政治教育的发展性心理咨询模式和方法时，理应把社会主导的价值观积极介入到心理咨询中，帮助个体澄清价值追求和心理困境。

（二）思想政治教育实践向接受研究领域拓展

1.思想政治教育接受研究的意义

思想政治教育接受动力的发展，首先是激发、调动个体内在需要，并与外部引导相协调。如在文学欣赏理论中，"期待视野"是接受美学理论一个非常成要的概念，就是指在文学欣赏活动中，读者的文学接受的经验、综合素质和文学作品欣赏水平形成了一种潜在的审美期待。而人们期待视野会因人而异，因时代的发展不断变化。

2.影响受教商者思想政治教育接受因素分析

（1）受教育者需要对思想政治教育接受的影响

一般来说，人性主要包括社会属性、自然属性和精神属性三个基本属性。在过去很长一段时间，我们理解马克思主义的人性论片面强调人的社会性，脱离了人的不同的个性。所产生的负面效应柜要有两个方向：一是在实际工作中，过多的强调个人对社会或集体绝对服从和无私的奉献，忽视个人的自我价值和合法的需求。在实践中，忽视人的个性，主要表现在教育内容、过于强调一致性、统一性和理想化的目标要求，忽略了针对不同群体、不同个人的思想政治教育，缺乏针对性和实效性，使受教育者难以接受。其次，现代社会是一个多元社会的显着特征，多元化的现代社会里人们具有了选择的自由，也加大了正确选择的难度，与此同时，在现代社会，俨然有别于传统的社会在现代社会条件下，受教育者面临激烈的竞争，产生了许多新的问题，如就业、社会交往、婚姻问题和生活压力问题等等，他们迫切需要在接受思想政治教育中帮助他们解决这些问题。而当思想政治教育没有满足这些需要使，受教育者就会认为思想政治教育没有任何价值，甚至对思想政治教育抵抗。所以无法满足受教育者的需要的思想政治教育必然被冷落。因此，关注和研究受教育者的需要，应该成为思想政治教育的重要维度，教育看必须用心去分析和研究受教育者教育的需求及特点，他们需要的东西，需要到何种程度，为什么需要，以及如何通过的途径与方法去满足，而且教育者还要善于营造良好的教育氛围去引导受教育苦的需要从低层次向高层次、从个人的需要到结合社会发展的需要方向发展。所以，研究受教育者的需要和特点，其实质是要确保制定可行、适应受教育者实际需要的教学内容，并选择灵活、生动的教学方法和手段。

另外，传统的思想政治教育工作，太强调人的精神属性，会有意识或无意识地忽略了人的自然需要和生理需要，脱离社会现实和人们思想状况，具有过于理想化，不切实际的特点。当然，在一定的社会物质生产的条件下，生产力发展水平是有限的。但吃穿住行是人的基本需要，每个人都必须在此基础上活下去，才谈得上发展。必须把受教下 T 者的精神需要和物质需求、物质的利益联系在 – 起。不盲目使用精神激励的方法、而是引导他们把内部物质需要转变为奋斗的动力，马克思说人们奋斗所争取的一切，与他们的物质利益有关，证明了这个真理。

（2）受教育者理性因素对思想政治教育接受的影响

思想政治教育个体接受的实现，是要使思想政治教育思想包括政治、道德等成为受教育者的接受和内化的某种深刻的和稳定的心理结构，形成一个真正的心理和个体意识（知觉）和行为，受教育者在社会实践过程中，会接触到各种思想政治教育（包括思想上、政治上和道德上）的信息，这些信息引起人们的感官上的反应，这个是感觉的阶段。在此基础上，进一步分析、理解概念、价值观、道德内涵和它的社会价值，达成新的思想认识，这是分析阶段。在已经获得的一种新的思想认识的基础上将社会要求受教育看所应其有的思想、政治观点、道德准则和他们自己的思想政治素质比较的基础上，进行判断、筛选、验收阶段，这是一种选择过程，在这个过程中，受教育者的不是被动的。受教育者必须用理性审视自己的动机、愿望和需求和意图，根据自身的知识、能力、情感意识对思想政治教育的信息筛选、吸收、加工、改造，并通过把社会的需求转化成内心的需要，并在实践中有意识地付诸为行动，使它变成正确的为本身有用的东西，在选择过程中，受适应教育者思想结构特点、思想政治素质的内容将被同化，吸收，但不符合结构特点的思想政治素质，将会产生矛盾运动，或被吸收，或被拒斥，或看感到怀疑。因此，教育工作者传授的思想道德观念有多少能被受教育者接受，不仅取决于教育者主体性的发挥程度，更重要的是，取决于受教育者主体性的发挥程度。

3.思想政治教育接受的模式

（1）转变传统的单项模式为双向模式

传统的思想政治教育接受模式是单主体与客体之间的"灌输—接受"构架，它容易导致受教育者的依附性、与教育者之间的紧张关系。在全球化、现代化的时空境遇下，个体的交往主体性得以生成和强化，这要求思想政治教育接受向主体——客体—主体的构架转变，建立以交往实践为基础的主体互动模式，在主体的共同参与、理解、交流中实现主体认同。接受美学建议读者参与工作，充分发挥读者的主动性。

总之，思想政治教育在现代，教育者与受教育者之间的关系是平等互动的关系。这就是说，在思想政治教育活动中，教育者和教育对象是完全的平等。他们不是主导和支配、控制和被控制的关系，这是一种有别于传统的思想政治教育的教育看与受教會者之间的双向互动关系的关系。双方平等是双向互动关系的基础和保证，这种平等互动的关系，思想政治教育现代化的重要标志。

（2）建立思想政治教育接受的生活实践模式

思想政治教育是一项实践性很强的活动，它诞生于实践，其价值表现在实践中，个体的思想性格形成除了知、情、意等心理因素参与外，还需要在实践中待到确认。实践证明正确的信息，个人才能下I正内化为自己的固定的心理品质和个性特征。可见，实践在人的认识中扮演着一个重要的角色。如果没有实践，思想政治教育是很难实现。因为人在思想道德素质是在人与人、人与社会、人与自然的互动中形成和发展的，为了更好地实现思想政治教。的效果，必须重视实践的作用。

所以，思想政治教育必须回归生活世界，随着现代性、工具理性和价值理性发生分离，工具理性教育的僭越问题已经成为热点。在工具理性的控制下，通过技术手段、科学技术进步和市场化等手段，教育的追求利益最大化逐渐成为了主要的目标和发展方向，情调，价值关怀、伦理、道德则日益缺乏。这实质上是一种工具理性对价值理性领土的侵略。思想政治教育是一种重要的实践活动形式。就思想政治教育本质来说，必须回到现实生活世界，只有在生活的、具体的现实生活中可以确证思想政治教育的本质力量。

第二节　当代高校思政教育的路径新发展

一、思想政治教育生活实践路径的发展

（一）思想政治教育生活实践强调关注生活世界

1.思想政治教育生活实践实现了思想政治教育理念由抽象向现实的转换

实践已经证明，盲目、僵化和片面的进行意识形态宣传教育不会取得良好的效果，脱离生活实际的思想政治教育很难取得实效性。因此，现代思想政治教育实践的发展要求应当避免抽象、僵化的意识形态宣传，转变为面向内容丰富、生动的生活世界的服务理念，让思想政治教育融入到社会成员的生活实践中去，并在关注人的生活实践中实现其意识形态教育和引导的价值。

2.思想政治教育生活实践实现了思想政治教育模式由课堂型向生活化的转移

传统的思想政治教育强调单一的理论灌输模式，思想政治教育的基本特征是关注权威、理论、知识成为，从某种意义上说，这种思想政治教育模式是一种静态的呆板的、僵死的缺乏活力的教育。所以，教育缺乏实效性和针对性，因为盼态的理论宣传与教育往往具有滞后性，人们是在动态的生活环境中培养和提升思想政治素质的。思想政治教育生活化强调思想政治教育活动必须紧密结合现实生活，以生活为中心进行思想政治教育，围绕教育对象的日常生活实际来进行。

3.思想政治教育生活实践实现了思想政治教育由支配型向互动型的转变

一般传统的思想政治教育过程是教育者支配教育对象，教育主体具有绝对的主导权，在现实的思想政治教育实践中，教与学是相矛盾的，教育者的"教"无法也不可能取代教育对象的"学"，更不能取代教育对象对生活世界的体验与感悟。思想政治教育生活实践则强调以人为本，注意在生活实践中引导教育对象的价值取向，树立牢固的理想信念，把理论灌输与生活实际相结合，最终确立科学的世界观人生观和价值观。

（二）思想政治教育生活实践旨在提升生活质景

1.生活水平的提高并不意味着生活质量的提升

生活质量是一个全面评价生活优劣状况的概念，思想政治教育生活实践是关注生活世界、提升生活质量的教育实践形态，在现代人生活质量提升的过程中它必然要发挥其应有作用。

2.思想政治教育生活实践是一种精神生活形态

思想政治教育对人的思想意识、主流价值观念具有导向和激励的功能，科学的价值导向和持久的精神激励使人的生活充满活力，思想政治教育生活实践把思想政治教。活动引向乍富多彩的生活世界，人们在社会生活实践中去体验和感悟生活的意义所在，摒弃了传统思想政治教育抽象化、僵化的教育方式。具体说来，如果全体社会成员对生活的满意程度不断提升，其幸福感也会随之上升，生活这一循环中也会不断得以提升，思想政治教會生活实践就是要把生活水平的提高与生活质量的提升融为一体，使人们由自在自发的生活状态转变为自由自觉的生活状态。

二、思想政治教育虚拟实践路径的发展

（一）网络思想政治教育实践对人的虚拟行为的引导

互联网作为新兴科技发展的产物，它既有利于人类社会发展的一面，也存在不利于人类发展的一面。互联网已经延伸、扩展、影响到人类社会的许多方面。关注网络、认识网络、了解网络、运用网络是网络社会成员不可回避的事情。因此，我们必须通过各种形式的宣传、教育，帮助青年正确认识和理解网络的本质特性，发展过程及其作用影响，使他们认识到网络中的人不过是人类发明的工具而已，它不能取代人类"万物之灵"的地位，人类也不可能脱离现实的物质世界而生活在虚拟的网络世界里。通过提升网络成员的主体意识、社会意识，帮助网络主体正确处理虚拟社会与现实社会、工作学习与娱乐的关系。

（二）开发网络的教育、服务功能

互联网本身地一个巨大的"信息库"，各种网站的建立多如牛毛，其中不乏一些优秀的健康的网站，也有唯利是图、别有用心的反动和色情网络。各种网站都想方设法吸引人们的视线，培养自己固定的网民。这种鱼龙混杂、良莠不齐的状况，迫切需要我们正确开发网络的资源，通过服务来吸引社会成员的视线。我们可以制作各种涉及学习、就业、交友等人们感兴趣的，能切实为其服务的各种电子教材及参考资料，这些材料应图文并茂、生动直观，便下上网学习，可以邀请心理咨询专家，法律服务专家在网上与网络行为主体就人生观、价值观、心理方向的问题和社会热点问题进行讨论，以澄清行为主体思想中一些模糊认识。

1.培养青少年的网络道德素质

由于现代通讯技术的发展以及传播工具的多样化、现代化，不良信息无孔不入，无时无刻不在影响青年，同时，由于技术和法规的不完善，在很多时候，人们对不良信息的传播还无能力。因此，我们必须加强青年网络道德宣传教育，明确网络主体之间的权利、义务和责任，以及网络道德的基本原则，帮助青年正确认识网络道德，增强他们的判断能力，指导他们学会选择、识别良莠，鼓励他们进行网络道德创新，养成道德自律，提高个人修养。

2.加强中华民族的优秀文化教育

经历了几千年繁衍而生生不息的中华民族，创造了世界上历史最悠久最

为博大精深的文化，随着时代的发展，中华文化之精华越来越具有生命力。教育和引导网络行为主体发扬传统文化，是当代思想政治工作的一项肃要职贵，特别是在多种文化相互激荡、相互影响、相互融合的当今世界，只有保持每一个民族自身的优秀文化传统，才能保持世界文化的丰富多彩。互联网具有开放性，它完全打破了国界，连通了地球上任意一个可连通的角落，互联网上英语是基础语言、强势语言，而中文是一般语言、弱势语言，作为中华民族传统文化最重要也是最基本的中文在互联网上地位的衰微，将有可能导致长期沉溺于网络的行为主体对中华民族传统文化的淡漠，同时，互联网上意识形态的冲突与斗争、渗透与反渗透异常激烈，因此，为了防止网络社会消解中华民族的文化身份，我们必须加强中华民族的优秀文化教育，继承和发扬我们的良好的传统情操和高尚的民族道德品质，同时吸收利用人类文明的一切优秀成果，为网络行为主体的健康成长、成才提供丰富的精神食粮。

第六章 高校思政教育的教学研究

第一节 高校思政教育教学方法研究

一、高校思想政治教育教学方法的主要内容

（一）高校思想政治教育教学方法的内涵

所谓教学方法就是为了达到教学目的，师生进行有序的相互联系的活动的种种方式所构成的系统。它包括教师教的方法和学生学的方法及其相互之间的有机联系，是在教学的过程中教师和学生为完成教学目的和任务所采取的途径和程序等的总和。从教学过程的角度看，是指教师和学生在教学过程中，为达到一定的教学目的，根据特定的教学内容，双方共同进行并相互作用的一系列活动方式、步骤、手段、技术和操作程序所构成的有机系统。它包含着这样几个有机联系的层次或要素：一是关于必须有指明教学活动的目的方向；二是必须有达到目的方向所要通过的途径；三是必须有达到目的方向所必须采取的策略手段；四是必须有达到目的方向所运用的工具；五是必须有有效地运用工具所必须遵照的操作程序。从教学活动的具体需求来看，教学方法的内在结构是由语言系统、实物系统、操作系统、情感系统等子系统构成的有机系统。教学方法得当与否，是教学内容得以有效贯彻，教学质量好坏的重要保证。

高校思想政治教育教学方法，是指思想政治教育教学过程中，为提高大学生的思想道德素质和科学文化素质，培养大学生马克思主义理论素养及其运用马克思主义的立场、观点和方法分析解决问题的能力，帮助大学生树立正确的世界观、人生观、价值观，教师所采用的各种方式、手段、工具等的总和。广义上讲，思想政治教育教学方法是师生双方为了教学活动的顺利进

行、实现思想政治教育教学任务和目的而采取的一切途径、方式、方法和手段的总称。它既包括教师对教法的选择和教学程序的设计，又包括教学组织形式和教学语言、教学艺术风格；既包括思政课教学中的哲学方法、一般方法和心理学方法，也体现在教学过程中具体采用的教学方法；既包括教学过程各个阶段所采用的理论教学方法和实践教学方法，又涵盖思想政治教育教学工作各个环节的方法，如教学管理方法、教学评价方法、教学研究方法和教育技术方法等等。狭义上讲，思想政治教育教学方法是指思政课教师在教学过程中，为了完成思政课的教学任务而采取的对大学生进行世界观、人生观、价值观、道德观教育的具体教学方式、方法和手段。本书所说的思想政治教育教学方法和思想政治教育教学方法体系，都是从狭义上来理解的。

思想政治教育教学方法体系，不是从广义上而是从一般方法论上，来阐释思想政治教育教学方法的基本特点、基本原则、基本要求，具体的教学方法和实施途径，重点是阐述思想政治教育教学实践中一系列行之有效的具体理论教学方法和实践教学方法体系，是思想政治教育各种教学方法按照一定的标准和原则集合在一起构成的方法体系总和。

（二）高校思想政治教育教学方法的特点

思想政治教育教学方法体系是对思想政治教育教学实践规律的认识和总结，它与一般教学方法是特殊和一般的关系，是一般的教学方法在思想政治教育中的应用和继承。思想政资教育课程设置的特殊教育功能，要求其教学方法体系除了具备一般课程教学方法的特点之外，还应该适合思想政治教育承担的政治思想和品德教育的独有的特点。第一，理论与实际相结合的特点是实事求是思想路线的要求，是马克思主义学风的体现。思想政治教育教学方法中实行理论与实际相结合，是保持其生命活力的关键，也是提高思想政治教育教学质量和效果的根本要求。理论与实际相结合的科学依据既来源于认识与实践的辩证关系，因为无论什么理论，归根到底来源于实际，对理论的学习和把握也就不能脱离实际。也是由思想政治教育教学性质所决定的，高校思想政治教育既具有理论性，又具有应用性，强调理论与实际相结合的教学方法，一方面是为了防止在思想政治教育教学中脱离实际讲理论的教条主义、本本主义倾向；另一方面也是为了防止在思想政治教育教学中以实际代替理论的经验主义、实用主义倾向。思想政治教育教学是以学习马克思主义理论为主要内容的教学，坚持马克思主义学风尤为重要。理论的"精"和、'管用"是相一致的，如果教给学生的理论"不管用"，就谈不上"精"。思想政治教育教学能紧紧把握"实事求是"这个精髓，也就做到了"精"和"管用的"统一，而把握"实事求是"这个精髓，必然要求理论与实际相结合。理论与实际相结合、理论与实际相统一并非一蹴而就、一成不变的，是个动态的发展过程。因为现实的实际情况总是在不断变化发展的，理论与实际的发展不同步、对不上号、理论超前或者滞后于实际的现象就会经常出现。因此，在思想政治教育教学方法的选择中，始终坚持理论与实际相结合，把思想政治教育教学内容同历史上中国革命与建设的实际、同当代中国改革开放和现代化建设中的实际、同大学生世界观、人生观、价值观问题及其思想实际有机结合起来，引导学生对理论与实际情况不一致的问题进行客观分析、深入研究，以消除理论与实际间的反差，提高学生用马克思主义理论说明问题和解决问题的能力。

第二，灌输与启发相结合的特点。课堂教学法是高校思想政治教育教学的基本形式和主要方法。这种课堂讲授就是一种理论灌输方式。在高校思想政治教育教学中，进行系统的马克思主义的理论灌输，这是由思想政治教育的政治性和方向性原则所决定的，也是符合世界观、人生观、价值观形成的基本规律的。

第三，原理抽象阐述与案例形象具体相结合的特点。原理阐述是理论型课程教学的基本方法，是对课程体系中的基本概念、原理、定律、规律和基本的理论观点进行逻辑推演、严密论证、系统阐述的方法。高校思想政治理论课教育教学的内容博大精深，是集科学性、思想性、阶级性、实践性于一体的逻辑严密的理论体系。其中包含有许多基本概念、基本原理、基本规律和基本的理论观点，这些基本的理论内容，不仅需要全面地了解认识，而且应该准确地掌握运用。因此，在思想政治教育教学中采用原理阐述的讲授方法是非常必要的。这种方法注重概念的准确界定、原理的科学论证、理论的逻辑推演、体系的完整一致，其优点是能培养学生严谨的治学态度，提高其逻辑思维能力，使其具有扎实的理论功底，便于学生准确完整地理解和掌握高校思想政治教育教学的基本理论内容。

二、高校思想政治教育教学的具体方法

（一）课堂讲授法

课堂讲授法是古今中外教学活动中最常用的教学方法，也是高校思想政治教育教学最基本的教学方法。课堂讲授法是教师运用语言向学生系统而连贯地传授科学文化知识的方法，又称口述法、课堂讲授法、系统讲授法等，是课堂教学中最常用的，最基本的教学方法。根据教学内容及其讲授方式的不同，讲授法可以分为讲述、讲解、讲读、讲演等方式。讲述是指教师用口头语言描述知识背景，叙述事实材料，适用于各种学科；讲解是为帮助学生了解背景知识、理解知识本质、掌握知识特征而对知识的说明、解释、分析或论证；讲读是进行语言教学和文章分析的方法，适合于自学能力与研究能力较低的学生。讲演适合于传授最新的学科发展知识，适合于抽象程度高、内容复杂的知识。

（二）启发式教学法

启发式教学法是教师根据教学要求和学生的实际，灵活运用各种教学原则，充分调动学生的学习积极性，启发学生积极思维，提倡学生自己动脑、动口、动手去获取知识，引导学生分析问题和解答问题，使学生既能理解知识又能开发智力的一种教学方法。启发式教学法是调动学生学习主动性，激发其学习潜能，培养其独立思考和研究能力的教学方法。

启发式教学法自古以来就受到教育家们的提倡和重视。我国古代教育家孔子在进行启发教学时采取的是："不愤不启，不悱不发。举一隅不以三隅反，则不复也。"其意是说，不到学生对思考的问题想懂而又未弄懂、想说而又说不清的时候，不去启发他。对不能举一反三的学生，不再重复教他。

（三）参与式教学法

参与式教学法最初是英国的、一套社会学理论，目的是吸引受国际援助的当地人最大限度地参与到援助项目中，使国际援助获得成功。后来被引进教学领域，形成为现在比较盛行的一种新型教学法。它对于充分调动学习者的积极性，培养学习者的创新精神起着重要作用。

参与式教学法是指受教育者在明确教学目标的前提下，以教师为主导、学生为主体，采用灵活多样的教学手段，运用一定的科学方法，鼓励学生积极主动地、创造性地参与教学过程教学活动，充分发挥教师"教"和学生"学"

两个主体的作用，达到"认知共振、思维同步、情感共鸣"，师生在互动过程中顺利完成教学任务，实现教学目标的一种教学方法。它是一种合作式或协作式的教学法。

第二节 运用现代教育技术提高思政教育教学效果

一、思想政治教育教学应用现代教育技术的必要性

所谓现代教育技术是指运用现代科学技术的手段对学生进行教育和教学的一种新型的教育技术，如在教学中使用多媒体课件、录像、录音、幻灯片以及其他的各种声电设备进行教学等。现代教育技术在思想政治教育教学中的应用，不仅是十分必要的，而且是非常看用的。

第一，现代教育技术在思想政治教育教学中的应用是时代的要求。今天，世界已经进入以电脑网络技术为主的信息化时代，作为文化传播途径的教育教学应用现代科技手段是理所当然的事。并且，现代社会知识的容量大，增长速度快，旧的传播教育手段已经不能适应现代教育的需要，只有现代教育技术这一新的手段才能担负起现代教育和教学的重任。

第二，现代教育技术用于思想政治教育教学，这是思想政治教育教学本身的需要。思想政治教育是时代性极强又极易让人感觉枯燥的学科。长期以来，思想政治教育课堂教学效果不佳一直是困扰许多教师的问题。而现代教育技术特别是多媒体在教学中的应用，给传统的教学注入了一股清新的风，使困扰教师多年的问题开始得到了解决。

第三，现代教育技术在思想政治教育教学中的应用对我们广大思想政治教育教师来说，其影响也是巨大的。一方面，开拓了教师的视野，转变了教师的观念；另一方面，对教师的知识水平和教育水平的提高，起着巨大的促进作用。因此，现代教育技术在课堂教学实践中的应用则为进一步转变教学观念、改革教学方式、提高教学质量提供了一个更富有前景的手段。

第四，现代教育技术在课堂教学中的应用，对学生的影响和作用也是巨大的。一方面，多媒体教学为学生提供更多的知识信息，为学生提供多种感官的综合刺激，营造和谐、宽松、民主的课堂气氛，提高学生的学习兴趣，使学生更好地获取知识；另一方面，教师能掌握现代教育技术，制作多媒体

课件并用于课堂教学，对学生学习新知识、新技术无疑起着潜移默化的催化作用。此地无声胜有声，教师的形象、师表就可以在学生的心目中无形地树立了起来。

二、思想政治教育教学的现代教育技术应用

目前，对现代教育技术在思想政治理论课堂教学中所起的作用还是认识不够。有些教师认为，多媒体的作用主要只是在提高学生的学习兴趣上；有些教师甚至囿于传统教学的旧观念，对现代教育技术采取怀疑和排斥的态度，这是十分错误的。

现代教育技术的科技含量很高，要学习和掌握它是不容易的，尤其多媒体课件的制作就更为复杂。要求每个教师都去制作系统型的课件是不可能的，也是不必要的。大多数的教师能够懂得操作电脑，懂得使用现成的课件和把现成的资料用到课堂教学中来就可以了。

如何处理现代教育技术和传统教学手段的关系问题。作为一门新兴的教育技术，教师特别是年轻教师必须懂得其基本原理，领会其精髓，学会灵活运用，注意适度，把教育教学基本功与运用多媒体统一起来，把现代教育教学技术与传统教育教学手段有机结合起来。把工具的运用与现代教育教学思想有机地统一起来，把教师的教与学生的学有机地结合起来，否则再好的技术也难以体现其优势。只有这样，多媒体在政治课教学中的运用才能展现更美好的前景，思想政治教育教学才能富有生机与活力。

第三节 提高思政教育教学效果的策略

一、影响思想政治教育教学效果的因素

（一）学生因素

由于思想政治教育是必修课，考试不通过将不能毕业，相当一部分学生学习思想政治教育的目的就是为了能够拿到规定的学分。抱着为考试而学的心态，学习必定是被动的，教学效果也是难以保证的。客观上讲，世界的多样化，使大学生的价值取向出现了多样化，社会上的功利主义倾向也必然反映到校园里，大学生把学习的精力投入到外语、计算机等热门学科，而对于起隐性作用的、与求职无直接关联的思想政治教育则敬而远之。从小学到大

学，社会倡导的价值导向对大学生来说并不陌生，他们耳濡目染，都知道哪些事情应该做，哪些事情不应该做，部分同学认为上大学后还要对他们灌输这些大道理没有多大必要，因而提不起学习思想政治教育的兴趣。由于课堂所讲与社会现实之间存在一定的反差，部分学生不能正确理解。正是由于对这一认识的偏差，使得一部分学生对学习思想政治教育缺乏信心，甚至会产生怀疑。由于受传统"文、理分科"观念的影响，部分学生特别是学理科的学生误将思想政治教育认为是纯粹的"政治课"，他们对"政治"并不怎么感兴趣，加之对政治理论知识掌握得不多，因此，思想政治教育学习入门本身就成为一个难点，这一难点也给思想政治教育的教学效果带来了影响。

（二）教师因素

从思想政治教育教师的整体队伍看，教师的学历水平呈现出"一头高，一头低"的现象，反映在思想政治教育的教学效果上往往表现出既有利又有弊的情况。一方面，马克思主义理论课的教师全都有博士或硕士学历，且许多老师来自国内各名校，这对于提高学生的德育理论素养是非常有利的，但由于这些老师接触学生相对较少，对学生了解不多，因而，有针对性地帮助学生解决实际问题方面就显得能力有限；另一方面，由于历史原因，"思想道德修养"课的教师，相对而言学历不够高、大多是在读硕士，理论功底相对薄弱，但这些教师都是长期在一线从事学生工作的同志，他们和学生打成一片，非常了解学生的所思所求，能够有针对性地解决学生的思想问题，在解决问题中能够帮助学生端正思想认识、提高学生的道德素质，在这方面，他们又有着不可替代的作用。因此，在思想政治教育教师中存在的这两种"不利因素"，必将直接影响到思想政治教育的教学效果。从思想政治教育教师的来源上看，部分教师毕业于非师范院校，没有受过正规的教师职业训练，虽然在引进时都要求经过教师资格培训，但毕竟时间仓促，讲课水平仍需有待提高。从思想政治教育教师自身的素质上调查发现，许多学生对思想政治教育教师的要求很高，他们听课认真与否，很大程度上取决于教师的教学水平和亲和力。如果教师知识老化，或知识结构单一，或拘泥于教材讲课，必然失去课程的吸引力，从而影响到教学效果。

（三）管理因素

从课时安排上看，思想政治教育特别是思想道德修养和法律基础课，课时的安排十分有限，时间非常紧，在 34 学时里要上完这两门课。这样的安排不仅给教师上课造成一定的难度，而且也给学生学习带来较大的压力和困难，对提高教学效果也是不利的。从课堂学生人数的安排看，思想政治教育安排的全都是"大课"，少有一百多人，多则有二百多人。这种报告式的"大课"，势必造成课堂秩序难于把握，思想政治教育本身所要求的互动式教学难于发挥，导致教学效果难于保证。从教师的工作量上看，由于"两"教师面向全校授课，近年来扩招后思想政治教育教师更是不足，导致思想政治教育教师上课的课程门数、课堂人数大增，工作量过大，影响到教学效果。思想政治教育教学本身也有缺陷。一方面，存在着教材内容陈旧与教学手段单一的问题，教材内容与时代精神和社会实践脱节，课本层次感不新鲜，自然使得学生感到索然无味。同时，教学手段仍主要采取课堂讲授与灌输，很难激发学生的学习兴趣。

二、提高思想政治教育教学效果的措施

（一）建设队伍，塑造高素质的思想政治教育教师形象

人的良好形象的形成，是通过由里及表的精心打造、不断修炼来完成的。就思想政治教育教师而言，高素质是指其蕴含的思想观念、人格特征，以及由此决定的师德品质、学术水平、能力技巧的总和。提高教师素质，必须致力于强化精神、塑造人格魅力、完善知识结构和提高教学质量。

敬业精神是教师素质状况的决定性因素，也是教师献身教学工作的根本动力。特别是思想政治教育教师，与一般教师相比，由于他们的工作成绩与效果有着潜在性、短期不易显现性和评价指标软件性的特点，导致他们的付出和成效非同比例增加，这种情况将影响到他们的教学信心、教学态度和教学积极性。因而需要强化他们的职业责任感，增强他们的事业心，提高他们的积极性。敬业才能勤业，很难想象，一个没有敬业爱岗精神的教师能够在教学工作中竭尽全力做出成绩来。

人格是教师个人做人的尊严、价值和品质的总和，也是教师个人在社会中的角色与作用的统一，是教师素质内蕴的精华，其所表现出来的魅力可以影响学生的一生。一切师德要求都基于教师的人格，"师者，人之模范也"。教师是铸造人类灵魂的工程师，其思想境界、道德品质会通过言行对学生产生潜移默化的影响，尤其在学生的心目中，思想政治教育教师更是社会道德

和规范的化身。学术水平、能力技巧是教师素质的外化形式。信息时代的迅猛发展使知识更新周期不断缩短，并且思想政治教育的教学对象也是在信息网络时代下的思想活跃、见多识广的大学生这就要求思想政治教育教师必须及时更新知识结构，与时俱进，追踪理论与社会发展的前沿，获取新知识，掌握新情况，研究新问题，不断提高自己的学术水平和授课的能力技巧。

教师教学的方式、方法以及教学手段的提高也是至关重要的。为适应新的教学环境，需要重新修订一整套教学模式，使它贯穿于教学的各个环节，包括备课中如何设计新的教学方案，上课时如何进行讲解，如何灵活地采用提问、练习、讨论等互动方式，如何熟练地运用现代化教学手段，如何制定评估机制评价教学效果、调整教学行为。在这一系列过程中，要求教师具有强烈的创新意识，不断提高新技能，从而促进教学达到生动、有效的理想境界。

（二）齐抓共管，拓展思想政治教育的教学载体

当今的大学生群体是网络受众主体之一，他们不仅是现有网络的积极登陆者、信息的接收与扩展者，同时也是制造者和新的网络空间的开拓者。他们处在开放的大环境和发达的大众传媒的信息包围之中，高校德育的主体性地位受到多元信息流强烈的冲击。作为受众主体的大学生，他们完全可以凭自己自身的情感好恶去选择多样的价值判断和情感评价。在这种情况下，要求思想政治教育教学必须及时拓展载体，构筑思想政治教育与学校各门课程、全社会宣传媒体协力配合的大学生德育工作机制。

拓展思想政治教育教学载体，首先要齐抓共管，形成德育与智育、体育互相渗透的互动机制，寓德育于各门课程教学之中。所谓要齐抓共管，就是要求专业教师切实履行教师职责，利用神圣的讲台，做到既教书又育人。这些正是德育方面的要求。因此，无论是智育、体育教师还是武装部的老师，都可以在传授知识的同时，通过思想政治、道德文化、思维方式、治学精神以及课堂教学的组织形成等方面给学生以正确的导向发挥潜移默化的德育作用。思想政治教育也可以结合专业课程，联系有关专业知识进行讲课，使教学效果更贴切实际，更加丰富。总之，适应信息传播广泛快捷的新情况，思想政治教育教学与智育、体育等部门的教学实现相互渗透，使思想政治教育教学的载体得到拓展，将会使思想政治教育教学更有成效。同时，通过齐抓共管，还可使思想政治教育的教育效果得到增强和巩固。

拓展思想政治教育教学载体，还必须将思想政治教育教学渗透到第二课堂与全社会层面。思想政治教育应抓住时机，拓展视野，注意将教学与第二课堂的社会实践有机结合，重视走出课堂、融入社会的教学方式，采取"走出去，请进来"的形式，打通与政府、社区、乡镇、企业、宣传文化等部门定点联系的渠道，充分利用全社会的优秀民族道德教育资源和爱国主义教育基地拓展思想政治教育。近两年来，有些学校开展的独具特色的"名师论坛"，对在校学生的思想道德素质教育、成长成才教育等产生了积极的影响和推动作用，不失为拓展思想政治教育教学载体的成功经验。

第四节 高校思政教育的多元化发展

一、全球化背景下多元文化教育的新形式

全球化或国际化（有人用国际化来指代全球化）、信息化已经成为教育发展的一种全球性趋势，它不仅是一种教育理想，更是一种正在全球范围内展开的实实在在的教育实践。我国在几千年的文明发展中，形成了自己独特的文化传统，但还不能适应全球化形势下对教育的要求，我们只有面对并迎接全球化的挑战，将挑战转化为机遇和动力，不失时机地把握机遇，才能使我国教育走向世界。

加入世贸组织意味着我们必须以更加积极的姿态参与国际合作与交流，融入世界经济文化的潮流，在世界大市场大舞台上求生存，在国际竞争与合作中求发展。因此，要鼓励和支持教育的国际化和办学主体的多元化。全球化视野中的中国教育，必须破除国别限制而顺应教育全球化的时代趋势。教育应超越国家的地域、政治、经济、文化界限开展广泛的国际交流与合作。核心是加大国际理解和全球意识的教育。

国际理解教育在培养目标上，要求培养面向世界的中国公民，实现人的国际化。面对21世纪国际交流、国际协作和全球规范的挑战，我国教育改革的迫切任务是在实现物、财和信息国际化的同时，着重实现"人"的国际化；教育改革必须树立起"一个真正的国际人，才是一个出色的中国人"的思想，把培养面向世界的中国公民作为面向21世纪的教育目标。教育的国际化本身不是目的，归根结底是要实现人的国际化，是培养具有世界眼光，在素质、

知识和能力诸方面具有国际竞争力的优秀人才的必要手段。

这一培养目标要求人应该具备如下思想素质：能意识到自己同他人的依存关系，在尊重与维护自己的利益的同时，尊重他人的利益，以公平、互惠的态度处理事务，谋求共同发展。了解不同于自己的文化，尊重各种文化的价值，作为世界公民平等地与处于不同文化中的人打交道，在与别国交往过程中重诚意守信用。成为一个主动的学习者和研究者，具有良好的品质、自学能力与强烈的学习愿望、理性的精神，独立思考，追求高水准、精益求精、一丝不苟和敬业。要在国际竞争中占有一席之地，还需优良的人格和健康的心理品质，自主而不依附、自强而不自负、自信而不自贱，有积极的自我意识和价值观，能从容应对变化与挫折，勇于承担自己的责任，有良好的自我控制能力，能较好的处理压力。

在课程上要求将全球的观念渗透到课程领域和课外活动中，在学校里建立一种开放性的、世界性的、国际性的氛？围，使学生从小受到全球观念和意识的熏陶，使所有学生能了解关于本国和世界其他地区在多元文化传统方面的知识，学习有关各国之间的种种问题，学习有关制度、生态、文化、经济、政治和科技之间的交叉联系，通过他人的眼光、心理来看待事务。

在教学上要求依据"以学生发展为本"的办学思想，构建前瞻性、本质化、探究性的课程体系，营造生动活泼的教育教学氛围；强调"发现"知识的过程，创造性解决问题的方法和探索研究的精神，帮助学生认识科学本质、训练思维能力、掌握学习方法，切实把教育教学模式呆板的单向灌输转向活泼的教学互动。并且在教学中注重教育民主观的真正落实。全球一体化的市场经济只崇尚现代民主精神，容忍不了超越现代文明之上的专制主义倾向。与此相适应的现代教育，也必须以培养人的民主理念为其重要使命。能够理解并尊重世界不同民族文化的多元性、差异性和丰富性，能够容忍并鼓励"异己"主义思想和行为模式的存在。这就要求教师要有民主观，从教育内容、方法、程序，尤其教育评估上建构学生独特的思想立场和人格体系，赞成建立在科学思维基础上的对既定结论的怀疑与批评，反对不经过心灵流程地对权威的盲目附和与皈依。

二、高校思想政治教育"多元化"是社会经济发展的必然结果

首先，人类进入信息时代以后，信息技术冲击着思想政治教育。20 世纪

80年代初，绝大多数高师思想政治系连一台计算机都没有，信息时代似乎离我们非常遥远。今天，计算机以空前的速度普及，无所不在的网络把世界进一步变小了。思想政治和思想政治教育，已经不再是"一张纸、一支笔、一个脑袋"的工作格局。"思想政治实验""思想政治建模""思想政治教育技术"等课程都依托计算机技术，凸显在我们面前。计算机技术正在改变人们的思想政治观和思想政治教育观。

其次，社会发生了深刻的变化。改革开放40多年来，经济迅速发展，人民生活水平日益提高，社会对高等教育的要求越来越普及。高等院校的扩招，既反映了社会的这种需求，也预示着大众教育时代已经迅速到来。另外，每周5天工作制的实行，直接影响原有教学计划的安排一方面是学时的压缩；另一方面是思想政治内容的膨胀，这对数学教育提出了挑战。思想政治的高等教育也必将从单纯培养"思想政治精英"，转变为各行各业培养具有适当思想政治素质的服务性专门人才。

第三，思想政治系的学生发生了重大变化，30多年前，职业的选择相对比较狭窄，所以，学习思想政治的学生毕业'、后基本是在思想政治这一行当工作：大中专院校的思想政治教师或从事思想政治研究。随着社会职业选择的多样化以及市场化就业的实施，学习思想政治将来也不一定要从事与思想政治直接相关的工作。社会的发展使很多行业对思想政治的重视程度增加，对思想政治系毕业生的看法也在改变，毕业生到非思想政治岗位就业的比例在不断增加。同时，高等师范院校思想政治系也有义务为其他行业输送有思想政治素养、经过系统思想政治训练的优秀毕业生。

最后，应该看到"多元化"也是国际趋势。美国教育的"多元化"人所共知，不仅不同学校课程设置和要求差别很大，不同大学的相同专业课程也有很大的不同。

三、高校思想政治教育"多元化"的涵义和特征

高师院校思想政治系主要是培养中学思想政治教师，在相当长的时间里，学生的思想政治学科背景单一，都是基础思想政治。随着社会经济的发展、教育的普及、思想政治的发展及应用不断深入，对中学思想政治教师的教学学科背景的要求趋向了"多元化"，高师思想政治系这种单一思想政治背景的培养方案已经不能适应思想政治教育发展的需要了。

"多元化"培养就是在打好思想政治基础的前提下，通过为学生设置若干个不同系列的课程（即"目标选修课"，一般按专业方向有基础思想政治系列、应用思想政治系列、思想政治学科教育系列等），让学生根据自身的兴趣和需要选择某个系列修读，以适应社会发展和思想政治知识爆炸性增长对思想政治学科背景"多元化"的要求。

"多元化"还有一个涵义，就是针对不同对象，思想政治基础课程按照基本要求和较高要求分不同层次实施教学，以适应高等教育大众化之后入学比例迅速增加而导致学生个体差异明显扩大这一新情况。

"多元化"培养方案实际上是为中学思想政治教育准备了一个具有多元思想政治学科背景的未来思想政治教师队伍，这个教师队伍可以应对改革和发展思想政治教师队伍思想政治知识的要求。

第一，思想政治基础扎实。

作为中学思想政治教师，不论要讲授的课程是初等思想政治还是高等数学，扎实的思想政治基础都是必须的。我国中学思想政治教师培养的历史证明，良好的思想政治基础是培养优秀思想政治教师的前提条件，是保持思想政治教学高水平的保证。虽然在"多元化"培养中对不同层次的学生可以分为基本要求和较高要求进行专业基础课程的教学，但即便是基本要求，也要保证有思想政治专业应有的扎实的思想政治基础。所以，思想政治基础扎实是"多元化"的首要特征。

第二，"多元化"的思想政治学科背景。

高师思想政治系的主要培养目标是为初、高中输送优秀的思想政治教师，当然也要为其他行业培养受过严格思想政治训练的人才，包括思想政治研究人才。前面已经谈到，中学思想政治新课程标准要求在初、高中开设选修课程。这些选修课程涉及现代思想政治的许多领域，范围很广，这就需要有不同思想政治学科背景的教师来承担这些选修课程。随着我国经济建设的进一步发展，类似俄罗斯和美国的面向精英人才的高层次也会在我国出现，因此思想政治学科背景的"多元化"是"多元化"培养的又一个重要特征。

思想政治学科背景可以是基础思想政治，也可以是应用思想政治或者思想政治教育，这样才能达到"多元化"的目标。

第三，学生能力构成的多层次。

思想政治能力是思想政治专业教育的主要目标，思想政治专业的毕业生都应该达到符合专业要求的能力。但具体表现应该是多层次的。"多元化"培养方案就是要尽量让每个学生达到自己能力的高点。

具有不同思想政治能力的人在同一阿中学任教，能更好地承担起社会发展对中学思想政治教育提出的改革要亲。在提倡创新教育的新时期，这样的思想政治教师结构能更好地为社会培养出潜在的、具有创新能力的毕业生口

第七章 新时代高校思政教育的理论教学

第一节 思想政治理论课教学的重要意义

一、思想政治理论课的功能定位

（一）个体功能

高校思想政治理论课是每位在校大学生都要学习的公共必修课，必然对每个学生都会产生或多或少的直接影响，这就是其个体功能。确切地说，所谓个体功能是指从微观角度讲，高校思想政治理论课对每个大学生个体产生的实际影响和直接作用，表现在以下三方面。

1. 意识形态功能

（1）政治导向功能

大学生正处于政治意识的觉醒和政治观点的形成时期，必须对其进行正确的政治引导使其形成社会主义的政治规范，核心是要帮助他们树立中国特色社会主义共同理想和共产主义远大理想。但有一部分大学生对社会主义和共产主义持有一种怀疑的态度，没有树立起社会主义共同理想和共产主义远大理想。因此，高校思想政治理论课必须责无旁贷承担起政治导向的功能。这种政治导向就是通过思想政治理论课向大学生传授马克思主义理论知识、宣传马克思主义的意识形态和党的方针政策，促进大学生的政治认知，强化大学生的政治认同，激发大学生的政治热情，逐步使大学生具有明确的政治意识、坚定的政治原则性以及高度的政治敏锐性，最终树立起中国特色社会主义共同理想和坚定的共产主义信念。

（2）道德培育功能

高校思想政治理论课意识形态功能的第二个具体表现就是社会主义道德

规范的培育功能，即赋予每一个学生个体以正确的价值观、社会主义道德原则和行为规范等。这些观念、原则、规范看起来似乎是约束个体的异己的东西，然而正是这些异己的东西才能够使个体在社会生活中良好的生存下去，才能使大学生形成高尚的道德品质从而真正成为社会主义所需要的高素质人才。因此，高校思想政治理论课必须具有对大学生进行道德培育的功能：首先，要对学生进行道德价值的引导，从理论上澄清各种道德上的大是大非问题，让学生明白什么是正确的道德价值，什么是错误的道德价值。其次，要对学生进行道德规范的灌输，让学生熟悉和掌握各种具体的道德规范。再次，要对学生进行道德人格的塑造，使学生不仅能够做出合乎道德规范的行为，而且具有内在的道德品性和道德精神。最后，要对学生进行道德能力的培养，使学生在道德上能够自主地适应日新月异的社会变化，而不至于离开了教育者的具体指导就不能进行正确的道德判断和道德推理。

（3）爱国主义教育功能

爱国主义是人类千百年来各自祖国彼此隔离而形成的对自己祖国的一种极其热爱和忠诚的深厚情感。在不同的历史时期和不同的社会背景下，爱国主义有着不同的内容。当前，爱国主义是同爱社会主义、爱中国共产党密切联系在一起的。爱国主义是维护我国民族团结，维护祖国统一、安全和稳定的最重要的精神力量，是全面建成小康社会、努力构建和谐社会、实现中华民族伟大复兴的共同精神力量。

绝大部分学生都具有爱国主义情怀，这是主流，应当充分肯定。但是，有很多同学对什么是爱国主义和如何爱国缺乏理智思考和深层认识。例如，有些同学由于不能正确认识改革开放过程中出现的矛盾和问题，盲目崇拜西方资本主义国家文明，甚至把爱国主义和爱党、爱社会主义割裂开来。这种爱国主义是狭隘的，不是真正的爱国主义。在今天，看一个人是否真正爱国，就是要看他是否真正拥护党的领导、拥护党的"一个中心，两个基本点"的基本路线，是否拥护中国特色社会主义道路，是否以国家主人翁的社会责任感积极投身于改革实践从而推动社会的进步和发展。这是新时期爱国主义的主题。高校思想政治理论课就要从这几方面入手对大学生进行爱国主义教育，引导大学生在中国特色社会主义事业的伟大实践中，在时代和社会的发展进步中汲取营养，培养爱国情怀，把爱国、爱党、爱社会主义有机统一起来，这即是高校思想政治理论课意识形态功能的第三个具体表现。

2. 能力提升功能

高校思想政治理论课是集科学性与意识形态性于一体的课程，其功能是多维的。意识形态性是其最基本的功能维度，是受到人们普遍关注和强化的维度，但绝非其唯一的维度。针对当前大学生表现出的创新能力差、社会适应能力差等弱点，相比于其他课程来说，思想政治理论课在全面提升学生的综合能力方面明显更有优势。唯物辩证法的学习可以提高学生的辩证思维能力以及分析问题、解决问题的能力；历史唯物主义理论的学习，可以引导学生正确地认识社会，把握社会发展规律，把自我需要与社会需要、自身发展与社会发展结合起来，找准自己的人生定位。这样，极大增强了大学生适应社会的能力，从而有效地提升其自我生存、自我发展的能力；教师利用马克思主义理论丰富的内容，再结合灵活多样的教学方法，通过发挥学生的主体性，可以启迪大学生的智慧和创新能力；针对当前大学生严峻的就业形势，教师可以结合相关内容引导学生转变就业观念，逐步提升学生的就业能力，等等。

3. 人格塑造功能

大学生思想活跃、知识丰富、善于接受新事物。但由于受到社会大环境特别是市场经济中的功利主义思想的侵蚀和来自家庭的过分溺爱，当代大学生普遍存在严重的人格缺失危机，具体表现在：自我中心意识严重，缺乏责任感；集体观念淡漠，缺乏奉献精神；心理承受能力偏弱，抗挫折能力差；享乐主义严重，缺乏吃苦耐劳精神等。

针对大学生的这种状况，高校思想政治理论课必须具有对学生进行人格塑造的功能，帮助学生修身养性，形成健全而高尚的人格。具体来说，就是要对学生进行"人性""德行""精神""情感""胸怀""意志""境界"等方面的教育，让学生懂得关爱、感恩、奉献、责任、坚强、耐劳等品质，并把这些品质逐渐内化于自己的人格结构之中，由此才能形成与社会主义社会相对应的人性和心理结构。教师可在思想政治理论课中结合一些伟人的人格魅力对学生进行教育。诸如，马克思出身富足，家庭条件优裕，本可过优越的上流社会生活，但他却为实现人人平等自由的共产主义而终生漂泊在外，过着艰难拮据的生活并奉献了毕生精力。

（二）社会功能

1. 推动生产力发展

在经济领域中，高校思想政治理论课有助推生产力发展的功能。当然这种推动作用绝不是高校思想政治理论课对生产力发展起完全、直接参与的作用，而是通过塑造德才兼备的人才去推动生产力的进步和发展。按照马克思主义的观点，生产力是一切社会发展的最终决定力量。它包括三个基本构成要素：劳动者、劳动资料和劳动对象，其中，劳动者是生产力中唯一的能动要素，劳动者的素质直接决定生产力的发展。所以，要发展生产力就必须从培养高素质的劳动者着手。劳动者的素质包括思想道德素质、科学文化素质和劳动技能素质等，其中，思想道德素质是劳动者的首要基本素质，它直接影响劳动者的思想意识、工作态度和生活态度。一个思想道德素质低下的人不会对社会发展有益，甚至可能是有害的。在拥有较高的思想道德素质的基础上，劳动者的科学文化素质和劳动技能素质越高，其对生产力的推动作用越大。而这几方面素质的提高，都与思想政治理论课的教育紧密相关。通过思想政治理论课对学生进行政治引导、道德培育、爱国主义教育以及人格的塑造，提高了学生的思想道德素质并让学生拥有了健全高尚的人格；同时，思想政治理论课还可以提高学生的综合能力，这有助于学生劳动技能素质的提高。基于此可知，思想政治理论课对大学生的教育培养不是"虚"的，而是实实在在的。这种实实在在的教育最基本的体现就是通过培养德才兼备的人才而推动社会生产力的发展。

2. 促进社会稳定，利于社会和谐

在政治领域中，高校思想政治理论课有促进社会稳定，利于社会和谐的功能。我国正处在构建社会主义和谐社会、全面建成小康社会以及实现中华民族伟大复兴的征程中，稳定的局面尤为重要。大学生作为整个社会群体中的高素质人才，未来将是整个国家参与国际竞争的核心力量。他们的政治倾向、道德观念乃至价值取舍将对整个社会稳定产生重要影响。通过高校思想政治理论课对大学生进行的一系列教育，会增强大学生对中国特色社会主义共同理想的认同感、产生浓厚的爱国主义情怀、拥有高尚的道德情操，还会提高大学生的明辨是非能力、抵御西方意识形态渗透的能力等。这就为社会主义培养出一代又一代的合格建设者和可靠接班人，当然对整个社会的稳定、和谐起到积极的促进作用。

3.促进社会主义文化的传承与发展

在社会主义文化的传承与发展中高校思想政治理论课同样有着重要功能，发挥着不可替代的重要作用。

首先，它是社会主义核心价值体系建设的主渠道和主阵地。习近平总书记在十九大报告中提出，要坚定文化自信，推动社会主义文化繁荣兴盛。没有高度的文化自信，没有文化的繁荣兴盛，就没有中华民族伟大复兴。要坚持中国特色社会主义文化发展道路，激发全民族文化创新创造活力，建设社会主义文化强国。在社会主义文化建设过程中必须要以社会主义核心价值体系为统领。所以，要把社会主义核心价值体系纳入国民教育体系，融入精神文明建设全过程。大学生是中国特色社会主义事业的接班人，他们对社会主义核心价值体系的理解和认同程度直接关系到社会主义事业的长远发展。因此，他们成为社会主义核心价值体系教育的重点对象。社会主义核心价值体系教育有许多渠道，但没有哪一条渠道能像思想政治理论课那样，把那么多优秀的青年大学生集中起来，进行系统深入的社会主义核心价值体系教育；没有哪一条渠道能像思想政治理论课那样，把那么多优秀的思想政治理论课教师组织起来，从理论上深入研究社会主义核心价值体系，通过课堂教学传播社会主义核心价值体系，教育引导青年大学生在实践中践行社会主义核心价值体系。这就决定了思想政治理论课在建设社会主义核心价值体系中的主渠道、主阵地作用。

其次，高校思想政治理论课在弘扬中华文化，凝聚民族精神方面也是功不可没。大学生是未来整个国家和民族的核心力量，他们有没有高昂的民族精神直接关系到国家和民族的兴衰。而民族精神的凝聚必须依靠民族文化的熏陶，这就要求我们必须对大学生进行民族文化的教育与传输。而现实情况是，现在的高校所开设的有关民族文化方面的课程少之又少，有的高校（尤其理工类高校）甚至不开设。因此，思想政治理论课几乎成为高校弘扬民族文化的唯一渠道。思想政治理论课必须承担起这个重任，在《中国近现代史纲要》和《思想道德修养与法律基础》以及《马克思主义基本原理概论》中的哲学部分适时向学生传输民族文化，通过民族文化的熏陶树立学生的民族精神。

二、思想政治理论课教师的角色定位

（一）讲政治，让党真正放心的人

对高校而言，讲政治关乎办学方向，以及培养什么样的人，如何培养人和由什么人来培养人的重大问题。思想政治理论课教师则是高校落实讲政治这一核心理念与根本要求的专业队伍与骨干力量。所以，讲政治对于高校思想政治理论课教师而言有着特别的含义和要求。

其一，讲政治是思想政治理论课教师的基本职责。高校的特殊性决定其始终作为各种思想的"对话场"与意识形态的"交锋地"。坚持社会主义办学方向所面临的挑战非常现实和复杂，既有国内外意识形态斗争的大背景，也有校内外思想交流碰撞的小环境；既表现为有形的交锋，更存在于隐性的角力。一方面，改革开放以来，思想文化与科学技术的国际交流与合作深度推进，开放办学成为一种时代要求和发展必然，在丰富高校办学资源的同时，也带来了一些显而易见的意识形态新课题；另一方面，高校的青年教师生长在改革开放的大环境中，思想活跃，自主意识强，在大学生中有着天然的亲和力和示范性。因此，在大力提倡尊重人才的同时，强调教学的政治纪律和规矩，成为新形势下高校坚持马克思主义主导地位，落实教育为社会主义服务、为人民服务的必然要求。思想政治理论课教师作为其中的专业与骨干力量，必须主动担当责任，做出示范，发挥作用。

其二，讲政治是思想政治理论课教师教学的主体内容。思想政治理论课程是一个完整的科学体系，涉及马克思主义理论、政治学、哲学、法学、历史学等诸多学科领域，为学生完善知识结构，尤其系统学习和掌握马克思主义世界观和方法论，并有效付诸实践提供了丰富的素材。这些课程的内容安排有一个显著特点，就是始终服从和服务于培育青年大学生社会主义理想信念，增强其对中国特色社会主义的"三个自信"这一核心理念和中心任务。因此，政治性与思想性是贯穿于思想政治理论课程体系中的主线和灵魂，无论是讲授马克思主义原理、中国近现代史基本知识、马克思主义中国化系列理论成果，还是形势与政策以及思想品德修养和法律基础，都不能偏离这一主线，这既是课程教学规范管理的基本要求，更是思想政治理论课的独特价值所在。

其三，讲政治是思想政治理论课教师需要具备的自觉境界。思想政治理论课教师作为大学生理想信念与道德规范的传播者与示范者，政治自觉应成为其必备的职业特质，这具体体现为三个层面：一是正确的政治认知，即教师必须具备扎实的马克思主义政治理论功底，同时对国家现行政治制度的合法性有充分认知；二是坚定的政治态度，即坚持正确的政治立场和政治观点，并具有高度的政治敏锐性与政治鉴别力；三是高度的政治责任感，即对思想政治理论课教师的责任和使命有着清晰的认识，并自觉落实到教书育人的实践之中。

（二）精业务，让学生终身受益的人

高校思想政治理论课有着自身显而易见的属性：既是一个知识体系，又是一种价值观念；既是一门综合性学科，又是一种思想意识形态，并相应蕴含了四种基本功能，即培育科学的思维方式、传授系统的理论知识、倡导正确的价值理念、指引理性的实践行为。要达成高校思想政治理论课的教学目标，需要科学处理学科的学理性与意识形态的主导性的关系，使二者有机统一，相得益彰，这就构成了思想政治理论课教师"精业务"的基本内涵。

把握课程的学理性是阐发意识形态合理性的基础，也是意识形态教育的说服力与感召力之所在，这对思想政治理论课教师的专业功底和理论水平提出了现实要求。思想政治教育四门主干课程都有其明确的功能指向：马克思主义基本原理课着重引导大学生运用马克思主义立场、观点和方法观察分析社会现实问题；中国近现代史纲要课着重阐明坚持党的领导和社会主义道路是历史的选择、人民的选择这一基本的历史认知问题；毛泽东思想和中国特色社会主义理论体系概论课着重引导学生增强对中国特色社会主义的"三个自信"；思想道德修养与法律基础课着重培育大学生道德素养、人文情怀与法律意识。这些课程蕴含着学理性、先导性、实践性与发展性相统一的要求。历史的穿透力、逻辑的思辨力、理论的说服力以及实践的引导力，构成了思想政治理论课程的内在魅力。思想政治理论课教师要开发、驾驭其中的魅力，既需要研究相关专业文献，尤其马克思主义经典著作，夯实专业基本功；也需要深入社会实践，认识和了解国情，把握国家经济社会的发展趋势，尤其是新形势下社会思潮的基本动态；更需要加强对马克思主义中国化最新理论成果的学习和研究，把握其理论精髓与实践要求。在此基础上，结合课程教学的内容与"以理服人"的要求，不断将自身研究与实践成果转化为教学素材和内容，并通过适当的教学方式加以呈现，真正让学生对马克思主义理论产生敬仰之情、亲切之感、信服之心、实践之意，并由此对任课教师产生尊崇和信任，进而达成思想政治理论课教学"润物无声"与"教化无形"的理想效果。

（三）受欢迎，让学生真心喜欢的人

"受欢迎"是学生从内心对教师的接纳和认同，它是建立在情感基础之上的师生心理默契与实践互动。学生对课程的认同首先建立在对任课教师的信任、认可和欢迎之上。学生对教师的信任和认同，可以来自教师的学识和品格，教学手段和方法，以及社会美誉度等多个层面，但起决定性作用的是学生通过切身体会，真正被教师的真诚所"感化"，也就是所谓的触及灵魂。

就思想政治理论课程特点而言，教师的真诚体现在几个基本方面：一是注重以事实说话。即在教学中注意把"说理"建立在对"事实"的具体分析与客观评价之上。在新媒体迅猛发展的时代，各种社会信息内容鱼龙混杂，极易对涉世不深的青年学生产生误导，需要教师还原客观事实真相，通过权威解读，使学生对教师产生信任，并形成实事求是和理性判断的思维方式。二是注重平等交流。思想政治理论课的最大特点在于"思想塑造"而非单纯的知识传授，需要师生之间进行充分与坦诚的思想交流，学生只有在思想自由得到尊重时才可能对教师敞开心扉，形成互动。三是注重换位思考。立足思想政治理论课的教学目标，结合学生的知识结构、认知水平、年龄特点和专业属性，以学生的身份思考其对社会问题的最大关注是什么，对于大学生活最大的需求是什么，认识和处理问题的通行方式是什么，对思想政治理论课的主要期许是什么等，才能增强教学的针对性和有效性。四是理解包容。青年学生追求个性，崇尚思想和行动独立，这是其年龄特点和认知水平所决定的。

第二节 新媒体时代高校思政理论课教学的机遇和挑战

一、新媒体时代高校思政理论课教学的机遇

在新媒体时代，高校思想政治理论课面临着发展的重要优势和机遇9思想政治理论课是我国高校构建马克思主义意识形态话语体系的根本渠道，在新媒体时代，思政课获得的发展机遇主要体现如下。

（1）新媒体海量、快速、交互、生动等特点为大学生思想政治理论课提供了新载体、新平台，微课、慕课、在线课堂等形式丰富了思政课的授课平台。

（2）新媒体环境中的每个主体（师或生）都既是媒体的接受者和使用者，也是媒体的推动者和创造者，兼具双重功能。

（3）信息技术的变革会带来教育模式、学习方式、生活模式甚至思维方式的改变，让教育回归学生主体的教育原生态。

（4）可以充分利用新媒体内含的知识、情感、价值观等渗透要素，加强大学生思想素养和政治信仰，激励青年红色教育的终身性和系统性，提升教育主客体的媒体素养。

二、新媒体时代高校思政理论课教学的挑战

（一）对高校思想政治理论课教师主导型教学理念的消解

新媒体时代下，大学生可以快捷的获取信息，轻松地获得比课堂教学更全面、更丰富、更有趣的知识，无论什么问题都可以方便地在网络上找到答案，大学生对思政课教师的知识依赖程度大大下降，比起传统的"接受式教育"，大学生更倾向于"自我教育"。而且新媒体时代的无中心、无权威和自由平等等特性也促进了大学生自觉意识和自主意识的觉醒，不愿一味顺从和接受思政课教师的观念，敢于表达自己的思想，造成了传统的教育权威被消解，师道尊严的传统文化在大学生"自我挺立"的新媒体时代的逐渐失落，在削弱了思政课教师信息和理论权威角色的同时，也消解了高校思政课教师主导型的教学理念。

（二）对高校思想政治理论课信息单向传递式教学方法的挑战

目前，高校思政课常用的教学方法虽然多样化，但从本质上讲，仍然没有脱离"教师讲、学生听"、"教师灌输、学生接受"的传统的以信息单向传递为主的教学方法范畴。新媒体时代下，无论是QQ、BBS，还是微博、微信，最明显的特点就是信息的双向传递，而且新媒体开放性、虚拟性、自由性等特点，也促使在新媒体时代中成长的大学生具有强烈的自我意识，通过充分参与来表达自己的看法，实现信息的双向传递，这就对高校思政课单向传递信息式的教学方法带来了巨大的挑战。

（三）对高校思想政治理论课封闭僵化教学内容的冲击

新媒体时代的形成，使大学生接触信息的渠道增加，获得的信息量增多，

而且获取信息也比较迅速、便捷，学生可以借助新媒体了解到思政课相当一部分内容，因而课堂上教师再次讲解时，学生就会产生接受信息上的过度疲劳和厌倦情绪，不利于思政课教学的开展；新媒体时代下的大学生思想活跃，观念新，不仅关注社会问题，也关注自身的成长、发展和需求，重视把解决思想问题与解决生活及日后工作中的实际问题相结合。这样一来，以什么样的教学内容去面对占有大量新鲜信息的学生就成了新媒体时代下思政课教师面临的新问题。

（四）对高校思想政治理论课分散独立式教学机制的质疑

通常情况下，高校思政课的教学管理、运行、评价等活动是分开独立进行的，这有助于思政课的精细化和专业化管理。但是，新媒体时代下，由于思政课借助于新媒体技术在大学生生活中延伸，要及时有效地对大学生进行管理，保证思政课教学的顺利运行，尤其结合大学生日常生活学习中的思想、表现情况和接触思政课相关信息、资源的积极性等对其形成客观真实的评价，就要求教务处、学生处、辅导员、思政课教师等机构和人员及时沟通，交换信息，形成把高校思政课的教学管理、教学运行和教学评价等结合起来的一体化综合性教学机制。

第三节 新媒体时代思政理论课的教学体系的构建

一、新媒体时代下加强思政理论课教学的必要性

（一）提升思想政治理论课教师媒介素养的必然要求

传统的授课方式已无法回避新媒体时代带来的教育方式的变革，新媒体时代赋予高校思想政治理论课新的内容。在新媒体时代里，思想政治理论课教师同时扮演着多重角色：一是新媒体的接受者和使用者；二是新媒体关注的对象；三是新媒体的研究者。特殊的角色定位决定了媒介素养的培养与提升对于教师具有至关重要的意义。高校思想政治教育载体是思政课教学不可或缺的重要组成部分，新媒体技术快速发展为高校思政课提供了新的教育技术条件，也使传统的思想政治理论课教学面临很大挑战。在这种背景下，思政课教师要从事物发展的角度，主动利用好新媒体这一平台，利用新媒体开展思想政治理论课教学。

（二）教育信息化的必然要求

教育信息化是国家信息化的重要组成部分和战略重点，是教育理念和教学模式的深刻革命，信息化教学对促进政治理论课教学手段创新和教学方法变革将起到重要作用。大学生是使用QQ、微博、微信等新媒体主要群体之一，同时也是高校教学的主体，因而思想政治理论课教师需要将新媒体教学与传统教学方式有机结合起来，既发挥传统教学方式的特点，又发挥新媒体沟通即时性、交互性的优点，从而形成多样化教学方式，不断提高政治理论课教学质量。

（三）提高思想政治理论课实效性的必然要求

新媒体是一个开放的平台，在为人们带来便利的同时，也带来了很多负面影响，一方面，新媒体提升了信息传输的效率，使大学生全面了解国内外重大时政要闻；另一方面，新媒体的不良信息也造成许多学生思想混乱，导致其思想沉沦，迷失自我。而随着计算机、互联网以及即时通信工具的出现和普及，西方的价值观也通过新媒体涌入了大学校园。高校思政课堂作为党和国家意识形态工作的重要阵地，高校政治理论课教师应积极转变观念，把新媒体作为思想政治工作的重要领域。高校可以从拓展思想政治教育新阵地、打造复合型、专家型的思想政治教育队伍和健全新媒体信息监管机制等三方面增强思想政治教育实效性。思想政治理论课教师应充分认识和把握新媒体给思政课带来的有利机遇，努力探索在新媒体时代下思政课教学的新方法，从而提高思想政治教育的实效性。

（四）更新教学理念的必然要求

思想政治理论课教学在不断发展的同时，新媒体技术作为一个崭新的技术出现并使用在课堂及教学过程当中，新媒体对思政课教师的教学理念也会产生影响。第一，有利于转变课堂教学策略。传统的思想政治理论课以课堂讲授为主，辅以讨论、习题等，教师是课堂的主角，这种教师主导学生被动接受的教学活动使得学生对思想政治理论课心存厌倦，学生的主体地位得不到体现。新媒体时代下师生关系将发生转变，学生是学习的主体，教学活动从教师的讲授活动转变为人机互动、生生互动。第二，有利于转变教学过程、改变教学组织形式。新媒体学习是一种基于互联网及其数字化资源的一种全新的学习方式，教师的主要任务是设计教学程序、选择教学资源、提供学习资料、开展专题讲解、指导学生在情景中发现问题等。

二、新媒体时代下影响思政理论课教学的因素

（一）思想认识上不重视新媒体教学

新媒体作为新时期思想政治理论课教学的一个重要载体，为新时期的思政课带来了机遇。如何正确面对新媒体，合理使用新媒体，成为高校思想政治理论课教师必须正视的一个问题。然而，有部分教师几乎没有尝试过新媒体教学，不了解新媒体教学的模式、策略与方法，不具有与新媒体相适应的能力。

（二）对新媒体运用能力偏低

一些思政课教师面对各种各样的新媒体出现"本领恐慌"。新媒体以独有的信息传播特点，成为提升高校思政课教学重量的必备要素。而高校思政课教师是高校教学的重要队伍，理应成为新媒体的支持者和推动者。遗憾的是，部分思政课教师特别是一些年龄偏大的教师，新媒体运用能力往往制约着其信息化教学的开展。如今，很多教师都使用电子邮件、QQ、微博、微信等新媒体，但部分教师对新媒体技术仍有畏难心理，新媒体时代中部分思政课教师出现焦虑，难以适应新媒体发展。

（三）激励制度的缺失

基于资源的学习和交互式学习活动的设计是新媒体教学的重要特征，这无疑对教师的时间和精力提出了较高要求。高校与教师之间的关系在本质上是一种委托—代理关系。为了提升思想政治教育的质量，必须对高校思政教师进行激励，激发他们教学的热情。教师需要在课堂教学之外付出更多的精力，更为重要的是，思政课教师用在新媒体教学上的时间、精力难以被认可，新媒体教学工作量如何评定，新媒体教学与教学改革如何有机结合，都是新媒体教学顺利开展的重要条件。激励措施的缺失，使教师不愿意在新媒体的运用上花费时间和精力。

三、新媒体时代下高校思政理论课教学的途径

（一）树立教师—学生双主体型教学新理念

教学理念的更新是新媒体环境下构建高校思政课创新教学体系的突破口。新媒体环境下，思政课教师一方面应该充分认识到大学生思想、行为发生的

变化，主动迎接挑战；另一方面也要转变观念，变被教育者从"被动接受"的角色为"主动参与"并进而成为"教学主体"，把思政课"居高临下"的灌输转变为平等的交流互动，在教师－学生双主体平等的交流参与中，通过隐性的潜移默化的教育，将思政课的教学内容渗透给学生。在树立教师－学生双主体型教学理念时，首先要尊重学生，肯定学生的主体性地位；其次，要尊重学生的自主创新精神，让学生充分参与教学，发表自己的思想和见解。

（二）思政课教师要有新媒体思维

教师的新媒体思维，简言之，就是自觉学新媒体、懂新媒体、用新媒体的思想意识。教师要清醒地认识到，新媒体是当今最活跃、最先进、最迅速普及的社会生产工具和生活方式。理念创新是一切创新的先导，要保持思想的敏锐性和开放度，勇于打破传统思维定式，努力以思想认识新飞跃提升思政课教学质量。思政课教师要充分认识新媒体的巨大作用，敏锐把握新媒体发展趋势，打破"怕新媒体、躲新媒体、恨新媒体"的思想羁绊，将驾驭新媒体的能力作为教学能力的重要内容。

（三）加强政治理论课教师对新媒体的合理利用

以数字杂志、数字报纸、数字广播、手机短信、移动电视、网络、数字电影、触摸媒体等为表现形式，依托数字技术、互联网技术、移动通信技术在新的技术支撑体系下出现的新媒体，不断影响着人们的思想观念和行为方式。随着思想政治教育现代化趋势的日益彰显，如何利用发展迅猛的新媒体载体有效开展思政课教学成为新时期思政课教学的重要课题。思想政治理论课教师作为党的教育工作者，不能在新媒体这个阵地上失声、缺位。教师不仅要深刻了解新媒体的特性，还要适应新媒体时代，学习和运用最新技术成果，真正把握新媒体的特点和规律，积极主动运用新媒体，正确利用新媒体加强思政课的教学质量。

（四）大力推动思想政治理论课新媒体教学平台

新媒体具有速度快、信息容量大、互动性强的特点，新媒体时代确保了师生沟通更加实时、互动，师生之间可以随时就各种问题进行自由而充分的讨论，表达意见和建议，新媒体使师生之间拥有了无阻隔的互动形式。各高校要在条件允许的情况下开展"信息扶贫"，加强新媒体基础知识的普及，当前的重点在于创新基于新媒体平台的思想政治理论课教育的方式、方法，充实思想政治理论课教育的内容，让更多的师生能运用新媒体进行互动，进而促进教学效果和提高学习质量。

（五）充分利用新媒体的技术和手段，激活学生学习的主体地位

提高学生学习的主体地位是提高教学质量的关键所在。在传统的教学模式中，课堂是学生学习的唯一场所，这就直接导致教学资源的单一性和知识传递途径的单一性，也难以调动学生学习主动性和积极性，因而不能培养和激发学生的学习兴趣。新媒体是借助网络的媒介平台，思政课教师可以借助新媒体发布教学内容、布置课后作业、开展课外讨论等。此外，高校思政课也可以通过新媒体加强师生之间关系，随时和学生进行交流，借助新媒体在课堂教学之前了解学生对教学内容的了解，激活学生学习的主体地位，不断增强高校思想政治教育价值导向功能和育人功能。

（六）培训教师新媒体的运用能力

在新媒体时代，手机短信、博客、网络论坛以其灵活、快捷的特点，日益成为一种崭新的思想政治教育载体并显示其独特优势。高校政治理论课教师应通过各种新媒体工具，提升教育的亲和力和感染力，切实了解受学生在学习、生活中存在的困难和问题，及时掌握其思想变化，使学生及时分清是非曲直、认识到自身的不足和缺陷，在互动交流中进行问题的解决、情感的交流。基于新媒体平台的政治理论课教学不仅要具备扎实的理论功底，还需要提高自身的新媒体素养，熟悉常用软件的基本功能等网络技术，能够有效获取、加工和利用信息。

四、新媒体时代下高校思政理论课教学的评价

（一）创设高校红色网站及其主题鲜明的评价机制

在开放的互联网面前，信息庞杂多样，既有大量进步的、健康的、有益的信息，也有不少反动的、迷信的、黄色的内容。互联网已成为思政工作的一个新的重要阵地。

各高校利用校园网络优势，建立网上团校、新闻网、理想导航（网上党校）、马列主义学习研究网、心理咨询在线等思想政治工作网站。在系统建设上基本形成了"校—院系—年级—班级"、"校学生会、团委—分学生会、分团委"、社团等多条线路的学生思想政治工作方面的网络系统。作为高校思想政治理论课教学活动的配套设施和资源辅助机构，思政网站包括：马克思主义经典

著作、中国共产党的历史及重要文献、革命烈士与英雄模范人物的生平事迹、文物展览、改革开放的发展历程与建设成就、西方马克思主义理论学说、中国传统优秀文化和国内外政治时事及大家们的点评等。它们是思想政治理论课教学必要的辅助资料，非常有利于拓展学生的思维、培育理论素养、锻炼资料搜查和整合能力。当然，作为拓宽思想政治理论课教学活动的重要网站，高校有关部门首先要在网站的内容更新、服务管理、读者答疑等方面尽量完善。在网站信息资料选辑过程中，要注重方向性，坚持思想政治理论课的政治导向性；要注重现实性，贴近社会和大学生活；要注重客观性，用正反事实说话，不回避矛盾；注重时效性，保存信息更新的及时、迅捷。思想政治理论课教学效果最基本的体现是学生的理论程度有没有提高，退一步说，有没有激发起学生对思想政治、世界观、人生伦理等方面的理论知识的强烈求知欲和探索欲。这种求知欲首要表现在学生课后是否会点击、浏览、研读网站上的经典文献。作为教师，应对网站上这些内容经常点击，将其作为必要的辅助资料推荐给学生，鼓励学生走进网站阅读经典文献，然后在适当时机一起交流心得。在这样的前提下，学生对网站的点击和阅读次数，阅读经典文献后与教师探讨体现出来的理论深度，应当纳入课程教学效果的考察之中。

（二）建立辅助思想政治理论课的教师博客的评价机制

教师博客促进了高校思想政治理论课教学方式的改进，增强了思想政治理论课教师对即时事件、热点问题的研究深度，并加深了思想政治理论课的实效性。对教师而言，在博客中将教学思维和教学内容的动态性发展予以公布，学生可以及时与教师沟通问题，反映心声和见解，同时教师也在坦诚交流的基础上帮助自己有意识有系统地反思与研究教育活动，总结经验，发现新问题，及时跟进学生的意识状态、思想动机、心理发展，提升思想政治理论课的授课水平。对学生而言，在教师、专家、教授的博客里，他们能够突破时空限制进行社会时事、理论的交流活动，在虚拟名字下大胆畅言，从直接对话中学会判断、学会生存、学会做事。对教学活动而言，教师在博客里把即将授课和探讨的讲义与问题提前发布给学生，学生将其作为电子文档，可以长期保存，并在教师的指点下随时链接相关时事和理论资源，进行课程预习和课后思考，从而保证课堂教学效果。

因此，考察教师的博客对学生思想政治理论课辅助教学的影响，可从下面几个方面进行：博客中辅助思想政治理论课的内容结构是否完善，学生留言、师生的回帖频次及其基本内容，有关思想政治理论教育内容的博客主题或任务是否明确，学生在博客上参与课程理论讨论的深度和广度，师生在时事热点问题上的交流范围和各自的态度，学生对生活、学习、活动中困惑问题的涉及类别等。同时，任课教师结合课堂上学生的表现，了解学生课后参与社会实践的态度和范围，联系从辅导员（或班主任）方面得到相关的看法，对学生学习科学理论、思考现实问题、规划成才发展、实践道德行为等方面进行效果评价。

（三）将网络讨论思想政治理论课效果的意见列入辅助机构的评价框

高校 BBS 和 QQ 群聊天室作为一个开放的公共舆论领域，提供了一个多元开放的舆论阵地。大部分学生都愿意在这意见市场里分享信息、议论时事，具有观点纷纭、良莠不齐的特点。由于参与者是遮蔽了本人真实信息的，因此在设置考察议题下能够比较真实地了解到高校学生对思想政治理论课授课内容、方式的看法，也能在大家众说纷纭的议论中感触到他们的思想观念、道德取向、政治立场和做人行事的责任意识。

在 BBS，QQ 聊天室里，高校学生议论（甚至是辩论）的议题往往是在日常生活中较为典型和被大家所关注的事件或观点，但许多人会有意避开国家政治意识形态，这其实反映了高校学生在现实世界中经受了较多刻板式的政治化和规约化的系统话语约束而产生的回避心理，也体现了学生要求思政教育回归日常生活的愿望。BBS 上的讨论呈现出传统政治向生活政治的转向，即从只与政府权力和国家意识形态相关联的话题转向到将生活层面的东西纳入政治视野，并获得政治的话语权。学生更为关注在日常生活世界里个人道德品质、社会规范意识与国家未来发展的潜在养成关系。

第八章 高校思政教育教学艺术

第一节 高校思政教育启发艺术

一、教学启发艺术的含义及其功能和基本原则

（一）教学启发艺术的含义和功能

1. 主体性功能

教学启发艺术强调学生是学习的主体，教师通过组织引导学生的认知活动，调动学生内在的学习动力，激发学生积极思维，培养独立思考，自己获取知识的习惯和能力，实现由"学会"向"会学""善学"的转变。因此，主体性功能是教学启发艺术的本质特点。

2. 独创性功能

教学启发艺术作为学科素质教育艺术的重要组成部分，具有创造性的功能，而且这种创造性又具有独特的个性特征。特别是要依据教学对象的思维形成、发展规律及不同特点，依据不同教学内容对学生智力和能力的不同要求，恰当地选择、运用教学启发艺术的具体方法，不断丰富教学启发艺术。同时教师具有不同价值观、教学观、个性特点。这些都直接或间接地反映在教学启发艺术的各方面，形成了各自独特的风格。

3. 和谐性功能

启发式教学重视合作学习，强调师生之间的和谐民主。教学中，师生关系建立在和谐融洽氛围的基础上，师生共同活动，平等交流，相互尊重，相互信赖，教学相长，倡导同伴合作学习。

4. 双边性功能

启发式教学强调探究、发现的过程，注重教学方法与学习方法的统一与

转化。"启发"一词本身就包括教师的"启"与学生的"发"两个方面的内容，也阐明了"教"为主导"学"为主体的辩证关系，揭示了教学活动的双边性以及教法与学法的统一性。在新课改中，要特别注重学生学法的指导，坚持掌握科学知识与掌握学习方法的结合，强调学生掌握知识的思维形成过程，突出教师应该培养学生获得终身会学的方式和能力。

5.整合智力性功能

启发式教学强调智力因素与非智力因素的结合，注重学生的非智力因素在教学中的动力调节作用；注重学生学习的情绪体验，通过创造主动的学习氛围来激发学生的学习热情和内在潜力。教学活动是以人们整体心理活动为基础，学生的学习是认知情感和意志的综合，是智力因素和非智力因素相互作用的过程。两者在学习中是同时发生、相互作用的。它们共同组成学生学习心理的两个不同方面，从不同的角度对整个教学过程产生重大的影响，使教学由学生的认识范畴深入到学生的情感领域。

6.举一反三功能

启发式教学在课程观上，体现出学科的科学性与学生心理逻辑性的统一。科学性原则强调理性知识的主导性，突出基本概念、基本原理的学习，以实现"举一反三，触类旁通"的目的。心理逻辑性原则强调学科教材内容的逻辑结构与学生认知结构发展的统一。

7.启情诱思性功能

启发式教学在教学过程中，表现为"启情诱思—发问尝解—释疑激创"的结构程序，在这一过程中伴随着不同阶段的运用与不同教学方法的组合，呈现出多种方式类型，体现了认知与非认知的统一，以及主导与主体的统一。

8.激趣性功能

启发式教学能激发学生的兴趣,调动学生学习的主动性。只有学生有兴趣，才乐意去学习，从而可以更好地引导学生的思维。启发式教学法就很好地体现了"先激发兴趣，后启发引导"。诱发兴趣使学生爱学，这是动力系统。即启发式教学给学生提供了学习的动力，使学生能积极主动地学习。

9.启迪思维性功能

"启发"与"简化"相辅相成，求同思维与求异思维相辅相成。在启发式教学中，通过积极的思维活动，集"两成"于一身，达到既有理论知识，又有思维能力的教育目的。有经验的教师不直接向学生奉献真理，而是诱使他们去探求真理。那些能够把握住教材的特点，从不同的方面或角度运用富有启发性、思想性的启发艺术，将有助于激发学生的求知欲，给课堂教学增添魅力。质疑问难，培养思维的敏捷性；启发思考，调动思维的积极性；引导争论，发展思维的求异性；展开想象，训练思维的广阔性；启发思维使学生会学。在教学过程中，教师根据教学目标，运用各种不同的启发艺术，引导学生分析问题，启发学生思考，不断提高思维能力。

（二）教学启发艺术的基本原则

1. 科学优美性原则

"科学"主要是就表达的内容而言。它赋予教学语言以强大的雄辩力和征服力，要求教师以无可辩驳的事实和无懈可击的论证来准确表达出自己的思想，并引导出令人信服的科学结论。"规范"主要是就表达的形式而言。它要求教学语言符合现代汉语语言规范，做到语音纯正、语汇丰富、语法规范、语句流畅、语气温和、语调自然、语速多变、语态大方。"亲切优美"是要求教师要用生动形象、符合学生年龄特征的语言去感染学生，陶冶学生的情操，使之感受到教师的语言美。

2. 启迪思维性原则

启迪思维就是开导、启发在表象、概念的基础上进行分析、综合、判断、推理等认识活动的过程。培养和发展学生思维是教学启发艺术的重要任务。提高学生的思维能力，有赖于教师在长期教学中进行培养和训练，开发学生智力，启迪思维，激发学生的学习兴趣，诱发探索欲望。教师要运用教学启发艺术激发好奇心和求知欲，培养学生思维的灵活性，让学生主动参与学习，突破难点，启迪学生积极思维，引导他们去把握事物的本质和规律，培养学生思维发展。

3. 巧例点拨性原则

例证是学习迁移的重要手段。它能将熟悉的经验与新知联系起来，从而正确和深刻理解新知识。举例重点是在于实例与知识之间的内在逻辑联系，其中尤其需要教师的巧妙点拨，或点明思路，拨难为易；或点明重点，拨误为正；或点明方法，拨疑为明；等等。教学的关键在于激活学生的思维。这就需要教师善于提醒、巧妙点拨，引导学生去思考，使师生的思维产生共鸣，从而引发课堂精彩生成，增强教学效果。点拨学习疑难，启发学生思考；点拨知识重、难、关键点，引导举一反三；点拨学习方法，引其勤思好学；点拨学生思想，激发他们的感情。通过点拨，将学生思维导向深入，使学生产生顿悟，越过障碍，思维流畅，产生"豁然开朗"之感，不但能顺利地解决问题，而且会留下深刻印象，使点拨确有神奇功效。

4. 适度性原则

中学生因学习年龄与学习经历和社会实践方面的差异，自主学习的能力也有差别。这就需要教师立足于本班学生的实际，在教学实践的过程中能够因人制宜地结合教材，针对教学目的，有步骤、有秩序、适时适度适当地进行启发。解决问题的思路明显度以及解决范围都要有所区别。这样学生才能各有所得。如果不能因学生差异而有针对性地适当启发，就会出现混乱局面，无法完成教学任务。

5. 独立思考性原则

独立思考就是遇到问题要自己找答案。独立思考是一种洞察力思维，即遇到问题，要用一种全新的、理性的、洞察的视角去发现问题、解决问题。因为只有当你抛开了外在已有的答案，同时也抛开内在的已有答案时，才是真正意义上的独立思考。这种思考就是一种洞察力的思考，也是一种透过现象看本质的思考。"不愤不启，不悱不发"是说教师要在学生思而未得，感到愤懑时帮助开启；要在学生思而有所得，但却不能准确表达时予以疏导。即要在学生"想"到"愤悱"之时再给予启发。这是说启发的时机，其实强调的就是独立思考。启发式教学的核心是调动学生的积极思维。启而不发，不只表现为学生说不出来，还表现为学生想不出来。想是关键，是启发的前提和基础。评价一位教师启发式教学思想体现得如何，首先要看他是否引导学生独立思考，看他是否注意创设"愤悱"的氛围。创设"愤悱"氛围的主要手段、艺术就是提问和质疑问难。

6. 引导主体性原则

"道而弗牵"是说教学中要善于引导，引导学生的思维朝着正确的方向前进。用现代的话说，叫作引导主体性原则。学生是学习和发展的主体。学生的学习和发展必须依靠自身的主观努力。外因通过内因起作用，教师的主导作用集中表现在对学生的引导上。学生学习和发展得如何，关键还在于学生自身，是学习的主人。教师的"教"必须为学生的"学"服务。学生做不到时教师再为他们引路，搭桥。教师要充分调动学生的主动性，培养学生学习的自觉性，启发引导他们主动参与，主动提出问题，主动回答，主动陶冶自己的情操，主动训练自己的技能，主动发展自己的智力。总之，教师必须注意发挥他们的主体作用。

7.情感激励性原则

"强而弗抑"是说教师对学生要多表扬鼓励，而不批评压抑。用现代的话说，叫作情感激励性原则。重视学生的学习情绪是启发式教学的一个基本特征。孔子能懂得以平等的身份和学生相处，循循善诱，值得后人学习。情感管理在西方已经盛行，溯其根源，基本来自启发式教学思想中的"强而弗抑"。实施启发式教学，必须坚持情感激励性原则，因为它是启发式教学的一个基本特征。它要求：一要尊重学生的人格；二要热爱学生，微笑进课堂；三要正面引导，多加激励。表扬好的、对的，对差的、错的是一种激励；鼓励提高幅度大的，激励提高幅度小的。总之，教师要注意说话的方式，要对学生多激励而不批评压抑。

8.举一反三原则

"举一隅不以三隅反，则不复也"是说如果举一不能反三就不再往下教。这是强调启发的目的在于举一反三、触类旁通。用现代话说，叫作举一反三原则。举一反三是启发式教学的一个重要标志。如果举一知一，学生只能简单复述教师的结论和例证，就不能叫作启发式教学。举一反三实际上是培养能力，使学生由"学会"到"会学"。要培养有能力的学生，教师自己首先必须具备较高的能力；让学生举一反三，教师自己必须善于举一反三，用自己的行为去影响、感染学生。有了这样的前提，教师还要善于对学生进行启发引导：一要精讲精练；二要善于引导学生用类比和对比去比较异同，去大胆联想；三要鼓励求异创新。

（三）教学启发艺术的根本及教师的驾驭能力

教学启发艺术的根本是激发学生的积极思维。这就必须做到：首先，要全面了解学生和让学生掌握教材；其次，要充分调动学生学习的自觉性与主动性；再次，要善于因势利导，科学设疑，激励积极思维；最后，要注意情感启发，特别是要建立和谐的师生关系。

亲切融洽和谐的师生关系，是突出学生主体地位的保证，是顺利完成教学任务的重要条件。师生关系亲切、和谐，学生就会勇于独立思考、积极思维，共同探究，敢于质疑问难、发表见解、平等交流、积极提出建议。教师若是横眉竖眼，盛气凌人、脸色阴沉，学生就会产生畏惧心理、抵触情绪，因而不能正常积极地思考问题，有问题也不敢向老师请教，更不敢同老师讨论。

驾驭整堂课教学的能力，是教师进行教学的基本艺术功底。融洽和谐的师生关系是重要条件，但还须有恰当的措施。一要利用各种教学手段如幽默的语言艺术、巧妙的组织技巧等把全班学生的注意力吸引到教学上来。二是课堂上要有宽松、融洽、有利于师生交流的活跃气氛。三要善于机智地处理好课堂上发生的意外问题。如，学生提出一些教师事先未估计到的问题；或谈出一些教师因不清楚而无法说明的情况；或学生在回答问题时，做出出乎意料的答案，教师无法判断正误等。出现这些情况，必须采取正确对策：首先，教师不要强词夺理，要本着实事求是的精神，依靠学生讨论求得解决；其次，一下子无法给出答案的问题，采取"悬挂"的办法，留待下次上课再解决；最后，对能提出意见或有独特见解的学生，要多加鼓励，不仅不能责训，反而要注意引导学生深入思考。例如，在一次思想品德课上，老师讲爱国主义精神，举例花木兰替父从军十二年未露真身，一位学生问老师，"花木兰洗脚不洗脚？"这个问题提得出乎老师意料。但这位老师稍作思索说："这位同学问得很好，说明他在动脑筋思考。这个问题涉及妇女缠脚的历史。我现在不作回答，大家下去查找资料，下节课再说。"这样既鼓励了学生提问，又发动了全体同学，还给了自己台阶下，并给了自己较充足的找资料获得正确答案的时间。有位教师说得好，教师必须从学生那里得到启发，然后才能启发学生。

二、启发式教学在思想政治学科教学中的运用

（一）理论知识转化为学生知识

将新教材的理论知识转化为学生自己的知识。新教材的理论知识是前人或别人通过实践获得的科学知识。学生掌握新教材中理论知识的过程，就是形成有关概念和理解有关原理的过程。因此，一是必须启发学生感知教材。这就要加强直观性、艺术性、感染力的教学，着意描绘或叙述同概念、原理有关的现象和事例。二是必须启发学生理解教材。这就必须对讲述中所提供的素材进行分析、综合、归纳，通过由此及彼、由表及里等思维过程，逐步揭示事物的本质，使学生充分理解其概念和原理。三是必须启发学生划清相近概念的界限。例如，学习"商品"这一概念时，很容易同一般物品或劳动产品相混淆。因此，教师要启发学生把"商品"的定义分成三个层次：商品是"有用物品"；商品是"劳动产品"；商品是"用来交换的"劳动产品。有了第二个层次，就可将商品同一般物品区别开来。有了第三个层次，才能把商品从劳动产品中划分出来。对概念进行多层次地分析，并同相近概念划清界限，从而准确地掌握概念。四是必须启发学生通过广泛例证说明概念。为了弄清"商品"这一概念的外延，这就要求教师举出若干实例，让学生判断哪些是商品，哪些不是商品？仓库的货物是不是商品？工厂里出的废品算不算商品？农民生产的粮食、养的猪是不是商品？这样反复提问就可以增强学生掌握"商品"概念的准确性，有助于弄清概念的适用范围。当学生真正理解了基本概念和基本原理，也就将课本的理论知识转化为自己的知识。这样才算较好地完成了传授马克思主义基础知识的任务。

（二）理论知识转化为学生能力

培养学生运用马克思主义基本原理分析解决实际问题的能力，是思想政治学科教学的重要任务之一。培养能力既要以知识教育为基础，又不能指望知识教育本身自然地成为能力。因此，在知识教育过程中运用启发式教学实现知识迁移，促进理论知识向能力转化。这就要求：一是要启发学生掌握必要的知识。如果学生没有起码的思想政治理论知识，就没有分析问题解决问题的能力。例如，学生没有法律知识，就无法判断什么是违法？什么是犯罪？更难做到自觉守法并且同违法犯罪行为作斗争；如果不懂得经济学的基本知识，就不可能观察、分析、说明现实生活中的经济现象。二是要把培养能力贯穿在教学活动全过程。这就要在学生感知教材的过程中有意地运用启发式教学，实现知识迁移，培养好学生的有关能力。理解教材阶段，要严格遵循学生的认知规律，有意识地启发学生参与分析、综合或演绎、归纳的活动，并同学生一起得出结论，培养学生的抽象思维能力。一位教师在"商品的价值"教学时，用一个农民用自己生产的粮食和一个木匠自己做的一把椅子在没有货币作为交换媒介的情况下进行交换的事例，把讲清概念、原理同培养能力结合起来，使学生在掌握知识的同时也培养了分析、比较、综合、归纳等抽象思维能力。将理论运用于实际，还有讨论会、辩论会、调查研究和各种社会实践活动，这些都应着力于启发、培养学生的能力。

（三）将知识、能力转化为情感、态度、价值观

正确的行为必须以相应的知、情、意为先导，同时在行动中又会使知、情、意得到进一步强化。为此，在教学中向学生提出相应的思想、品德、言行上的要求，并配合学校开展相应的活动，会起到理想的效果，达到教书育人的目的。如在学习法律知识时，针对部分学生存在"大错不犯，小错不怕"的思想，在讲清法律与道德的关系以及不道德行为同违法行为联系的基础上，举出几个典型事例进行说明。一方面，小错不改，一犯再犯，量变引起质变，最终会导致犯罪；另一方面，增强法制观念，注重道德品质修养，有错必改，就会由后进变先进。这样的实际教育，使学生看得见、摸得着，既易懂又可信。因为只有当德育的内容和方式触动了学生的内在情感时，才易于被他们理解和接受。同时，也只有当学生的内在情感激发起来之后，认识和情感态度价值观才会扎得稳、靠得住。这里，激发学生的内在情感尤为重要。这就要：一是目的激发。针对学生的心理特征，运用启发式教学，使学生初步懂得个人的良好愿望和祖国要求之间的关系，能力和思想品德之间的关系，明确学习思想政治课的目的和意义，引起学生学习这门课的兴趣，从而激发起学生的内在情感。二是社会实践激发。社会规范只有通过学生自身的社会实践才能真正内化。学生内在情感的形成与发展，需要学生的独立思考和生活体验。鼓励学生在实践的矛盾冲突中积极探究和体验。这样既锻炼和展示了学生们的才华，又激发了他们的内在情感。

第二节 高校思政教育激励艺术

一、一般常用的激励方法

（一）口头语言激励

这是课堂中最常用的激励方法。口头表扬个人或集体。表扬个人时，有时联系事例点名表扬学生；有时只赞赏具体事例，不点学生姓名。表扬集体时，要根据实际灵活地确定"集体"，或表扬班级，或表扬小组，或表扬男生、女生、大组、同排，或表扬某分数段学生。口头表扬是激励的基本方法，课堂内外、

当面或背后，或在学生完成任务之前、完成过程中的引导和完成任务后的评价，都可以使用口头语言激励法。易操作且最具时效性、灵活性。

（二）书面文字激励

利用"作业本、字条、板报"表扬。批改作业，要对学生予以表扬时，可在作业本写上表扬的语句，如"进步真大，老师相信你会写得更好""你对问题的看法有新意，见解独到"等。出板报时，利用板报将学生先进事迹、荣誉、"闪光点"等予以公布。作业本表扬，几乎像口头表扬一样灵活，既不占用集体时间又不影响课堂教学；板报表扬，被表扬人数非常少，其所受的激励特别大。这是对口头激励重要的必不可少的补充。

（三）情感激励

教师运用情感激励学生，引起共鸣。有位诗人曾说过："感人心者，莫先乎情。"所以，教师要以真情投入来感染学生。例如，在讲"必须坚持联系的观点"前，充满激情地为学生朗诵爱国将领冯玉祥的一首诗："鸟爱巢，不爱树；树一倒，没住处；看你糊涂不糊涂！人爱家，不爱国；国如亡，家无着；看你怎样去生活！"听了这首诗，学生们被他的爱国心所打动，懂得了家与国的联系。同时，也受到了一次生动的爱国主义教育。

（四）榜样激励

通过对先进人物或动人事迹的宣传，引导学生进取。"榜样的力量是无穷的"。所以，在教学中，老师要善待学生，向他们宣传先进人物的感人事迹，为他们树立学习的榜样。如在思想政治课教学中，可向同学们介绍几位成功校友的先进事迹；或把几个毕业后创业成功的同学请到同学们中间一起交流，活生生的榜样人物给人的感召力会更强大。同学们纷纷表示，向榜样学习，争做对社会有用的人。

（五）能力激励

每个人都有发展自己能力的需求。教师可以通过培训激励和教学内容激励满足学生这方面的需求。培训激励对学生尤为有效。通过培训，可以提高学生实现目标的能力，为承担更大的责任、更富挑战性的学习内容及提升对更艰深教学内容的理解和掌握创造条件。教学内容激励是用教学内容本身来激励学生是最有意义的一种激励方式。如果教师能让学生学习其最喜欢的内容，就会产生这种激励。教师应了解学生的兴趣所在，发挥各自的特长，从而提高教学效率。

二、最有效的激励技巧

（一）直接激励法

即及时捕捉学生的闪光点，以口头、书面等形式在全班进行公开的面对面的表彰和鼓励。这样，使被鼓励者感到老师对他特别信任，同时也使他在全体同学面前露了脸面，从而使其更能发挥其积极性。

（二）间接激励法

如跟某个同学谈话时，可以故意提到另外一个或数个同学，并对其按照某个方面的优点进行表扬。当这个学生将谈话内容转达给相关同学时，就会对相关同学产生激励效果，从而产生更加积极的效果。

（三）亮点法

心理学实验表明，一个人只要体验一次成功的喜悦和欣慰，便会激起其追求无休止成功的意念和力量，进而树立起信心，勇往直前。因此，教师必须运用辩证好玩发展的眼光发现和捕捉学生亮点，学会抓住学生的亮点进行鼓励。例如，一次正确流利的口头回答，一次工整美观的书面作业，一次考试成绩的提高等。

（四）期望法

在思想政治课教学中，表现特别好的学生，最大的期望莫过于得到教师恰如其分的评价和鼓励；有某些过失的学生，最害怕的莫过于受到教师的挖苦和冷遇。遇到上述情况时，正确的做法应是：该表扬的，就实事求是地给予表扬，并提出新的期望，鼓励其向更高的目标迈进；有过失的，论过要适度，动之以情，晓之以理，提出对其进步的期望，激发其补缺改过的动机和行为。

第三节 高校思政教育激趣艺术

一、思想政治学科教学激趣艺术

为提高教学的实效性。这里就激趣环节介绍以下技巧。

（一）目的激趣法

要使学生主动学习,首先要从学习目的上进行启发,这是最基本的激趣法。教师的教育不是一天两天就能奏效的，而是在长期潜移默化地渗透中方能收到效果，达到教学目标；特别是，在当今市场经济条件下，在进行社会理想教育的同时，还要进行职业道德理想教育，更要强调思想政治知识在人的精神生活中的作用。苏联教育家苏霍姆林斯基就特别强调知识在精神生活中的作用："知识确是学生将来从事工作不可缺少的，另一方面，又是学生现在和将来精神生活的重要一部分"。要启发学生懂得：人只有掌握了丰富的知识，精神生活才会丰富多彩，否则将会空虚和枯燥无味！通过目的激趣，学生明确了学习目的，就能主动、自觉地学习。

（二）音乐激趣法

一首好歌，其优美的旋律，不仅能给人以美的享受，更能陶冶人的情操，使人展开丰富想象，给学生耳目一新的感觉，能激发学生的学习兴趣，迅速集中学生的注意力，为新课的顺利进行奠定良好的基础。例如，教师在讲《生活与哲学》"事物的普遍联系"时，可放学生比较熟悉、喜爱的歌曲《说句心里话》《十五的月亮》；在讲物质运动时，可放那英的《山不转水转》。这样既可以增强学生学习兴趣，又可使学生在轻松、愉快的气氛中理解，接受马克思主义的基本观点、基本理论。

（三）理论联系实际激趣法

教师使用例证、材料，必须和概念、原理、观点紧密结合起来。只有围绕概念的含义、理论的内容，层层剖析，步步引入，才能达到理论联系实际的目的。离开了概念、理论来"发挥"，则会喧宾守主，本末倒置，使理论失去本身的光彩，使课堂失去"真正的结合"。让学生用学过的原理、观点，分析一些社会现象，提高分析、解决实际问题的能力。在举例子时，应选用学生喜欢听的近期国内外大事。例如，讲"一国两制"时，可结合李登辉抛出的"两国论"的批驳，说明李登辉是逆历史潮流而动的，"两国论"是不得人心的，在国际上代表中国的只能是中华人民共和国。在讲"国际社会和我国对外政策"时，可列举以美国为首的北约对南联盟的狂轰滥炸，及对我驻南使馆的蓄意侵害，说明北约的行为是违背联合国宗旨与宪章，是霸权主义、强权政治的表现。这样既可以让学生了解国内外大事，又可以调动他们听课的兴趣以及积极性。

（四）以美激趣法

"爱美之心人皆有之。"学生尤为如此，课堂上教师幽默的语言，标准的普通话，生动的讲述，漂亮的板书、潇洒的粉笔字，自然的教态，得体的动作，以及精致的教具，美丽的图案等均会给学生以美的享受，使他们兴趣横生，特别是美丽的板书，精美的粉笔字，使学生终生难忘。就拿教学的语言美来说，教师的教学语言是整个课堂教学中重要的辅助手段，充分发挥语言的优势，运用儿童化的语言美、形象化的语言美、激励性的语言美，能极大地提高学生的学习兴趣。例如，教师在讲授思想品德课"祝福青春"时，可精心制作PPT及其范例图都能给人一种美的感受，能让学生仿佛置身于春天风和日丽、百花齐放的美妙情境中。与此同时，翩翩飞舞的"蝴蝶精灵"，切切实实地给学生以一种美的冲击，能大大激发起学生表现美的欲望。

（五）成功效应激趣法

成功效应指出：一个人只要体验一次成功的快乐，便会产生喜出望外的激奋心理，感到兴趣更浓，从而增强自信心。这又使其去追求更高层次的成功，即形成"成功—自信—又成功—更自信"的良性循环。在社会心理学中，这种心理现象被称之为"成功强化效应"。学生的兴趣，不仅是来自容易的工作获得成功，而且要通过自己的努力，克服困难，以达到成功的境地，才会感到内心的愉快与愿望的满足。因此，教师要充分运用"成功强化效应"，激发学生学习兴趣，并转变成学生学习思想政治学科课的持久动力。

二、激趣艺术的运用

（一）激趣形式的多样性与学科目标的关系

思想政治学科课程的外延广阔，内涵丰富，但作为教学范例的思想政治学科教学内容却是确定的，因此，思想政治学科课堂教学内容和目标也必然具有相对的限定性，而课堂的教学方法（包括激趣的形式和内容）也自然受到一定的约束。所谓的"教无定法"其实也是相对的，那种不落实教学目标的教学是无效的。如果教师一味追求课堂趣味，信马由缰、天南地北地一路讲下去，或者过多地引入其他活动，一会儿音乐欣赏，一会儿影视欣赏，那么即使再受学生欢迎,也必然造成教学内容上喧宾夺主,本末倒置,偏离航向。如，一位教师上《思想品德》课"情趣与兴趣"时，整个课堂天南地北、古今中外,倒是非常生动有趣,令学生惊叹不已,但是最终也没有能够深入到"情趣与兴趣"的内涵，因此是无效教学。如果教师在教学实践中能够明确并围绕课堂教学目标展开，能够始终立足于思想政治学科教材，那么即使有再多激趣的资源可用，在选择时也会有的放矢，而不致出现随意激趣离题万里又刹不住车的现象。因此，激趣必须实现形式的多样性与教学目标性有机统一。

（二）教学激趣的主导性与主体性的关系

思想政治学科教学的根本意义在于搭建一个有利于学生主体地位的平台，创造有利于学生主体性发挥的条件，促进学生在教学活动中的参与度，从而有效拓展学生的思想政治教育知识，提升学生的思想政治思维能力，最终促进学生正确的思想政治道德的综合发展，提高学生情感态度价值观。教学激趣也须遵循主体性和主导性原则。然而，总有教师不能正确处理主体与主导的关系，经常越俎代庖，使学生失去主体地位，教师唱"独角戏"，学生没有学习兴趣。中外教育家都认为，教学的艺术不在于传授的本领，而在于激动、唤醒、鼓舞，激励学生学习的动机和兴趣。这已鲜明地指出了教学成功的关键在于唤醒学生主动学习的热情；教师的职责主要在激发学生积极思维的兴趣，而不是自己唱"独角戏"。因此，在课堂教学中要正确处理主体与主导的关系，精心设疑，以疑激趣并指导学生深入教学内容解疑品趣才是思想政治学科教师课堂教学中的主要职责。当然，设疑也很讲究技巧，于无疑处生疑，最能激起学生探究的兴趣。

第九章 高校思政教育的网络教学方法

第一节 高校网络思政教育的概念

一、思想政治教育与网络的结合

（一）网络与学生思想行为的关联

1.网络改变着大学生的思想观念，积极与消极影响并存

网络有利于大学生新的价值理念的形成。网络的发展史，就是一部从集中到共享和开放的历史，共享、平等、效率、开放等是网络所蕴涵的价值理念。首先，由于网络的虚实两重性、平等交互性、大众化等特点，都有助于大学生平等意识、共享意识的形成。其次，网络运行的快捷增殖性、同步性和使用的简便性，有利于培养大学生的效率观念。再者，由于网络的广阔兼容性，时空概念有了巨大的变化，世界上万事万物尽收网中，这对大学生开阔眼界、活跃思想、促进观念更新，增加开放意识、全球意识和多元化意识大有益处。

网络有助于大学生创新性思维方式的形成。传统教育受多种因素的影响，大学生个体创新性思维的发展受到了很大的限制，网络则拓展了大学生更为广阔的思维空间，使他们能接触到世界上先进的思想理论、科学技术等。而且，网络文、图、声并茂的多媒体传播方式，更能揭示事物的本质，这为培养大学生的超前思维、立体思维和创新思维，提供了难得的条件。

然而网络的强权思想易导致大学生理想信念的偏差。未来学家阿尔文·托夫勒在其《权力的转移》一书中指出，世界已经离开了依靠暴力与金钱控制的时代，未来世界政治的魔方将被拥有强权的人控制，他们会使用手中掌握的网络控制权、发布权，利用英语这种强大的语言优势，达到暴力和金钱无法达到的目的。在这样的思想指导下，以美国为首的西方资本主义国家，利

用网络加紧思想文化的渗透，网上充斥着形形色色的思想言论，各种反社会主义、反马克思主义的论调也混杂其间。大学生好奇心强，若无坚定的信念和相当的辨别能力，很可能因此导致民族观念和爱国主义思想的淡薄。

网络易导致大学生价值取向的偏差。以往大学生日常所接触的内容来自传媒以及教师的灌输，其内容经过层层把关，不良因素已经被"过滤"。而作为"第四媒体"的网络，其内容五花八门、良莠不齐，难以控制。尽管防杀病毒、防火墙、分级过滤等技术不断创新，都无法消除所有的有害成分。一些宣扬享乐主义、拜金主义、极端个人主义的内容直接呈现于大学生面前，再加上一人一机的分享方式，大学生独立自主地判断对错、是非、真假、美丑、善恶，抵御不良是很困难的。美国精神卫生学家詹姆斯·米勒说过，一个人接受的超过他能处理的极限时，可能导致紊乱。某些大学生由于社会经历和阅历较浅，判断和鉴别能力有限，其价值观念就可能受到冲击，"自我中心"思想日益严重，个人主义不断膨胀，在社会生活中道德选择迷惘，价值取向紊乱。

2. 网络丰富了大学生的精神需要，但削弱了大学生的道德责任感

物质需要和精神需要是人的基本需要。大学生的发展也不能没有需要的发展，马斯洛认为，人的基本需要包括生理需要、安全需要、友爱需要、尊重需要和自我实现的需要。网络在满足大学生的友爱需要、尊重需要和自我实现的需要方面具有独特的作用，这也是大学生乐此不疲的喜爱上网的奥妙所在。在网络空间，大学生可以开展广泛的精神文化交流和互动，满足自身的精神需要。而精神需要的发展，则从本质上升华着大学生的心灵世界。

人的思想品德主要是由知、情、信、意、行等组成。在以往的道德教育活动中，人们面对面直接的思想感情交流、人格力量的直接感染和模范行为的影响是最基本的途径。但网络将人置于"虚拟社会"，人与人之间的情感关系极易被人机之间的冷面"对话"所异化。网络虽然有助于大学生掌握较为丰富的社会伦理道德知识，但在"情""意""行"方面难以达到以往直接交往所达到的熏陶的程度。在网络道德萌生和发展的初期，建立在现实社会基础的道德规范由于不适应网络新环境而约束力下降，多元价值标准并存又使其成为众多道德选择中的一种，这无疑会引发道德评价失范和道德行为的失范。一些大学生道德责任感削弱、自我约束力降低的问题便显露出来。

3. 网络改变了大学生的行为和群体存在方式，其正效应大于负效应

如今，网络已渗透到大学生生活的方方面面，不仅改变了大学生的行为方式，而且也改变了大学生群体的存在方式。这种改变的正效应主要体现在以下几个方面：一是网络促进了大学生的人际交往。有些学者认为，因为网络交往的虚拟性，利用网络进行交往会使人在现实社会中走向孤独。而大多数大学生则认为，网络聊天可以使人在很短的时间内结识很多朋友，快速低成本地与他人联系是上网最主要的收获。相关对比调查显示，经常上网的人在网络和现实中的朋友数量及与朋友的交流程度都要多于不经常上网的人。许多大学生将现实中的交流发展到网上，不少人通过网络与家人、朋友、老师联系，提高了交往的效率和频率。不少大学生在网络上结识了不同地域、不同国家、不同民族的朋友，有的还将网络交往发展成通过电话、书信、见面等建立的现实联系。因此，网络对人际交往的促进是值得肯定的。二是网络成为大学生调节情绪的重要手段。在现实生活中，一些大学生因为各种原因不能畅快地表达自己的情绪，造成心理压抑。匿名的网络给人们的精神世界营造了相对平等而自由的空间，使情绪得以表现和宣泄，实际上起到了情绪调节阀的积极作用。三是网络丰富了大学生的业余文化生活。网络拥有强大的娱乐功能和丰富的娱乐资源，且成本较低，因而深受大学生的喜爱。网络文学大行其道，网络不仅改变了大学生的阅读和创作习惯；也改变了大学生的语言习惯，使得一些网络流行语成为校园日常流行语。四是网络改变了大学生的群体存在方式。如今，班级、党团组织、学生社团协会大部分在网络中有自己的主页和空间，并通过网络召集、开展有关活动。一些学生通过网络相互结识，并因共同的兴趣爱好，在网上形成有一定稳定性的群体，且大都在现实世界中开展相关活动。五是网络能促进大学生的个性发展。不管一个人的兴趣、爱好多么狭窄，通过网络，都能快捷地找到志同道合者。个人的兴趣、爱好正是人的个性的重要体现。网络空间丰富多样的个性化群体正好为大学生个性的发展提供了可供选择的群体环境。网络对大学生行为和群体存在方式的改变，也带来了某些负效应。一是网络交往带有明显的游戏色彩，缺乏必要的信任感，且大多限于同龄和异性之间的交往。大学生与成人之间的社会互动较少，代际间的学习交流明显不足。二是大学生如不能正确处理网络虚拟社会与现实社会的关系，可能造成一定程度的心理障碍和人

格分离，从而引发网络沉溺综合征。如，有的大学生因沉迷于网络游戏或色情网站，逐渐迷失了自己在真实生活中的角色，学习成绩一落千丈。有些在网络上叱咤风云的"名人"，在日常生活中性格内向，判若两人。三是某些网络群体不在学校的了解和管理之中，成为大学生中的隐形组织。这在某些突发事件发生时，有可能成为维护高校稳定的不利因素。

4.网络提供了广阔的学习空间，促进了大学生的学习

网络极大地扩充了大学生的学习资源。大学生可以在图书馆、多媒体教室、宿舍检索书目，预借图书，浏览期刊或数据库。以前需要四处搜集而不易得到的学习学术资料，在网上可以轻松地搜到，这为大学生提高学习效率和质量、把握学术动态、开展学术研究创造了极为便利的条件。

网络改变了大学生的学习方式。网络课堂一方面打破了知识传授和学习的时空界限，实现弹性化教学，增强了学习的自主性和自由度；另一方面又加强了师生之间、学生之间的互动交流。教师可以随时在网上发布通知、讲义、布置和修改作业、答疑、讨论等，学生可以上网讲义、完成作业、答题、接受学术指导，教与学的方式变得十分便捷。

网络带来了新的学习观念。"素养"成为大学生的基本素质，这是指大学生必须具有判断何时需要，并且能够对进行检索、评价和有效利用的能力，也就是去伪存真、去粗取精的认知和判断能力。网络还重新配置了教育资源，消解了教师作为主要源的地位，教师由学生学习的控制者变为学生学习的促进者，由传递者变为能力培养者。

此外,网络时代还要求大学生树立终身学习的观念,培养终身学习的能力。网络对大学生学习的自制力也构成了挑战。网络上充斥着大量哗众取宠的东西，可能分散学生学习的注意力。以游戏及视听媒体为代表的强大的娱乐功能可能使部分学生痴迷而不能自拔。如果上网时间安排不当，就会打乱正常的生活学习秩序。网络上研究成果、学术开放的内容方便极易造成部分大学生的抄袭行为。有的大学生甚至在网站开办了出售学术的业务。

总之，网络给大学生带来的影响是广泛而深刻的，其积极影响是主要的，消极影响是次要的。消极影响集中体现在少数个体，集中体现在可能诱发某些不良的网上活动，对学生的自制力构成了一定挑战。随着年级的升高和网龄的增长，大学生的网络行为和观念趋向于理性和成熟。

（二）网络与思想政治教育的关联

1.网络信息承载可成为思想政治教育网络载体

载体是思想政治教育系统不可缺少的重要组成部分。教育目标的实现，教育任务的完成，教育内容的实施，教育方法的运用，教育主体和教育客体之间的互动等，都离不开一定的载体。所谓思想政治教育网络载体，就是通过网络，向人们传播丰富、正确、生动的思想政治教育信息，以帮助人们形成时代发展所需要的思想观念、政治观点、道德规范以及健康的精神状态。

思想政治教育载体是指承载、传导思想政治教育因素，能为思想政治教育主体所运用、且主客体可借此相互作用的一种思想政治教育活动形式。如开会、谈话、理论学习、管理工作、文化建设、大众传媒、精神文明创建等，都可以是思想政治教育的载体。教育者正是借助这些载体对教育对象进行教育并与之双向互动，从而达到一定的教育目的。

在网络中，思想政治教育信息承载具有如下特点：一是多媒体技术使教育内容的形态从平面化走向立体化，由静态变为动态，从现实时空趋向虚拟时空；二是网络的超大信息量，使教育内容变得丰富而全面，并且具有客观性和可选择性；三是极高的文化与科技含量，将教育信息的政治性本质隐含在历史文化知识和现代科技信息之中；四是人们有意识提供的或无意识提供的思想政治教育信息有可能淹没在信息的海洋中而不能有效地传播给受教育者；五是各种积极的或消极的、先进的或落后的、健康的或颓废的信息都可在网上传输，并已超越了地区和国家的界限，思想政治教育内容更加多样化。

通过网络这一载体进行思想政治教育，可以扩大思想政治教育的覆盖面和影响力，使大批大学生网民在网络获得广泛的社会信息的同时，接受思想政治教育信息，受到思想政治教育的影响，从而不断提高思想道德素质。而且，这种思想政治教育并不单单只作用于大学生网民，群体还作用于教职工等广大人群，并对其他载体的思想政治教育影响构成一种补充和相互作用，从而形成全方位的思想政治教育态势，增强了思想政治教育的影响力和有效性。

2.网络信息传播可加速思想政治教育知识价值传播

从传播学角度看，思想政治教育是阶级社会的一种特定的社会信息传播现象和活动，是以思想观念、政治观点、道德规范为核心的思想政治教育信息的传播行为和过程。

思想政治教育网络信息传播，是教育者运用网络有意识、有目的地对受教育者施加影响，通过思想政治教育信息的传递、接受与反馈，以达到彼此共享、互动、共识的社会行为和过程。

在此过程中，教育者向受教育者传递信息，是开展思想政治教育的起点。教育者传递的信息如果能被受教育者所接收并接受，那么他们之间就出现了信息共享，即教育者对信息的独享变成了教育者和受教育者的共享。而且，思想政治教育是教育者有目的地对受教育者施加影响，通过对受教育者传递社会主导价值观念，使受教育者的个人价值观与社会主导价值观相一致过程。

较之过去的思想政治教育信息传播，网络信息传播具有明显的优势，这对思想政治教育知识、价值传播非常有利。其原因，一是其吸引力更大。网络将多媒体信息集为一体，能够极大地激发大学生的求知欲与想象力，最大限度调动学生获取信息的主动性、参与性。二是其感染力更强。网络提供的色彩鲜艳的图片、悦耳的音响，活泼的立体动画及仿真画面，使人仿佛身临其境，对人的影响力大大增强。三是快捷性更高。网络四通八达，方便快捷，可在任何一个终端，随时高效获取知识和信息。四是开放性更广。网络为大学生提供了更大范围的学习和社会实践环境，促使他们关心世界、关注社会、了解和认识自我，从而在社会化过程中趋于成熟和完善。

但网络也带来了不同文化和价值观念的冲突。国内外敌对势力和一些别有用心的人，有意识地把网络作为对我国实施西化、分化的新手段。借助网络论坛、聊天室、虚拟社区、新闻跟帖等多种方式雇用网络写手，在网上鼓吹西方的政治主张和价值观，攻击共产党的领导和社会主义制度；利用热点和敏感问题，传播政治谣言，煽动社会不满情绪，大量制造传播不良信息，宣传腐朽没落的生活方式。诸如此类的信息轰炸，致使有的大学生失去辨别和自制能力，沦为网迷、网虫，有的则理想和价值观念模糊，社会责任感淡薄。对此，我们决不能掉以轻心，等闲视之。

3. 网络互动平台可满足思想政治教育互动需要

在思想政治教育中，教育者和受教育者的行为和活动需要互动。这种互动表现在信息传递、接受和反馈的过程中，即体现在教育者信息的传递和受教育者对此能动的接受，受教育者信息的传递和教育者对此能动的接受上。也就是说，思想政治教育信息传授应当是建立在教育者与受教育者互动基础上的思想观念与情感意识的交流过程。

但以往的思想政治教育采用较多的是单向灌输的方法，硬性地把社会要求的思想观念、道德规范传授给受教育者，忽视受教育者的需求和接受能力，抑制了受教育者接受教育的积极性、主动性和创造性，使受教育者处于从属地位。

网络为人们提供了一个开放的互动平台。丰富的网络信息，使大学生冲出了相对封闭的校园天地，进入一个宽广的五彩缤纷的新世界，使他们知道了许多前所未闻的新事物，使其主体意识迅速觉醒并不断增强。他们不满足于教育者的灌输，而是积极主动地猎取各种思想政治教育的知识和有价值的信息，不断探索人生道路上的心态的困惑，理想的迷惘、感情的失落、精神的求索，与教育者实现着网上网下的良性互动。而且，在网络交往中，无直接利害冲突关系的交往位置，有利于宽松的人际关系的建立。因此，在思想感情传达上，交往者可以直抒胸臆，不必像日常生活中那样吞吞吐吐或胆怯害羞，容易达到交往的较深层次。同时，角色还是可以互换的，在浏览网页、选择和吸收各种思想政治教育信息时，参与者是以受教育者的身份出现的；而在参与网络各种信息的制作、发布等网络实践活动，将自己的思想、观点、看法及信息传播出去时，参与者又成为教育者。因此，在网络互动平台上，思想政治教育者与受教育者关系上更融洽，双方都能较好地发挥其主体性。

正因为如此，从现代传播学角度看，网络思想政治教育信息传播活动的主体不仅有教育者，还有受教育者。因为教育者往往同时又是受教育者，而受教育者往往又是教育者，是他们双方共同的行为和作用，促成了传播的进行。教育者和受教育者的关系是两个主体相互依存、相互制约的互动过程。

二、网络思想政治教育的发展趋势

（一）预测网络思想政治教育发展趋势的依据

马克思主义认为，任何事物的发展变化都有内因和外因两个方面，内因是发展变化的根据，外因是发展变化的条件。按照马克思主义观点，笔者认为网络思想政治教育的发展趋势应该从以下两个方面来把握：一是人类社会的发展具有这种内在需要。这种需要就是网络思想政治教育发展的内在动力，正如马克思、恩格斯所指出的那样："一切划时代的体系的真正的内容都是由于产生这些体系的那个时期的需要而形成起来的。"二是能够提供为这种需要服务的网络信息技术等相关条件。网络思想政治教育的发展离不开网络信息技术的支撑，但网络信息技术的进步同其他任何技术一样，都是一个渐进的过程，不可能一蹴而就。能否提供这种网络信息技术，也就成了预测网络思想政治教育发展趋势的重要依据。

（二）网络思想政治教育发展的主要趋势

1.网络思想政治教育个性化的发展趋势

（1）人的个性发展，需要个性化的网络思想政治教育

这是网络思想政治教育个性化的内在动力。人的个性是指一个人的比较固定的特性，是个人的自我意识及由此形成的个人特有的素质、品格、气质、性格、情感等的总和。个性是人的主体性的个体表现，哲学所理解的人的个性也就是个人的主体性。思想政治教育是人的个性发展的重要条件，它影响和决定人的个性发展的方向。从这方面来考察，人的个性发展主要有以下一些需求：一是需要大量可供自主选择的思想政治教育信息；二是需要提供自主参与思想政治教育实践活动特别是创造性活动的广阔舞台；三是需要有足够的自由时间参与思想政治教育活动。只有具备了这些条件，思想政治教育才可能成为自由自觉的活动，即思想政治教育才能促进入的个性发展。

（2）互联网技术的发展，为网络思想政治教育个性化提供了条件

互联网传播是一种分布式（发散型）网状传播结构，这种传播结构使互联网具有开放性、交互性、虚拟性、快捷性等特性。互联网的开放性使它的任何一个网络都能够生产、发布信息，所有网络生产、发布的信息都能够以非线型方式流人网络之中。因而人们可以自主地选择或发布思想政治教育信息；互联网的交互性，使数以万计的受众可以同时直接迅速地反馈信息，发表意见，这就从根本上改变了传统思想政治教育交互的局限性；互联网的虚拟性、多媒体性为主体的创造性活动提供了最好的舞台，使之冲破传统的思维束缚，自由地在"虚拟"的世界里翱翔，创造出更多的精神财富，改变共同资源紧缺的状况；互联网的快捷性大大提高了劳动生产率，节约了大量的劳动时间，人们不必把全部时间和精力花费在物质资料的生产上，这就为人们参与思想政治教育活动提供了自由可支配时间。

从以上分析不难得出结论，人的个性发展呼唤网络思想政治教育的个性化，而互联网又为思想政治教育的个性化提供了条件，因而网络思想政治教

育的个性化是必然的发展趋势。

2. 网络思想政治教育社会化的发展趋势

网络思想政治教育社会化是指网络思想政治教育应依靠全社会各方面的力量。预测网络思想政治教育社会化的依据在于：

（1）思想政治教育的发展呼唤网络思想政治教育社会化

开展网络思想政治教育以来，通过探索与实践，取得了许多成功的经验和一批有价值的成果。比如，建立思想政治教育网站；加强对 BBS 的引导；建立网络德育研究基地，开展系统的网络思想政治教育研究等。但是，网络思想政治教育面临着一系列重大问题，比如，在网络思想政治教育内容上，存在着社会不断涌现的新情况、新问题与相对滞后的教育内容的矛盾。互联网的发展，改变了以往的生产力要素结构和劳动力布局，从而促进了社会生产力的大发展；造就了与网络社会相适应的思维方式，即"网络化思维方式"，促进了人的思维方式的变革，并以其特有的方式推动民主政治进程；促进了新的经济形态的产生，推动了产业结构的重组和调整；促进了经济增长方式的根本转变和生产率的提高；改变了企业的经营理念和营销模式，促进了经济全球化的发展，等等。总之，互联网络社会带来了巨大的变化，给人们的思想观念和生活方式带来了深刻的影响。相比之下，网络思想政治教育的内容显得单调和空洞。如何根据形势发展变化带来的新情况、新问题，及时地调整、充实教育内容，使其与已变化的社会现实相适应，这是网络思想政治教育必须解决的重大问题。再如，在网络思想政治教育形式上，存在着全方位、多层次的社会影响与思想政治教育途径相对狭窄的矛盾。随着现代信息传播工具的广泛应用，影响人们思想的信息渠道也越来越多，既有积极的，也有消极的。如何及时解决来自全方位、多层次的社会影响，这是网络思想政治教育必须解决的又一重大问题，等等。

思想政治教育从根本上说，就是做人的思想转化工作，它本身在解决现实问题中得到生存和发展。因此，网络思想政治教育要面向网络社会求发展，要渗透到社会生活的各个领域中去。而要做到这一点，就要改变只依靠网络思想政治教育部门和网络思想政治工作者的状况，必须实现网络思想政治教育的社会化。

（2）互联网技术的发展为网络思想政治教育社会化提供了条件

一是提供了丰富的资源。由于互联网具有开放性等特征，特别是下一代互联网实行了电信网、计算机网、有线电视网的合一，真正能够将全球不同社会、不同种族的文化信息"一网打尽"，实现文化信息的全球一体化。同时，世界上所有的网站，除了关系国家安全的网站设有防火墙以防御非法入侵者外，其他网站可以认为是对每一个网民"门户大开"，其敞开度对谁都一样大，提供的文化产品都一样多。决不会因为你是领导干部，你是专家学者，你是总裁，就有你专用的文化盛餐。网络上每一种文化产品都具备"世界性"与"全民性"，不论贫富贵贱，不分男女老少，都可以尽情享受。特别是，互联网上的文化产品的供应没有配额，不受"数量"的限制，也不受供应时间的限制。

传统思想政治教育之所以很难实现社会化，一个极为重要的原因，就是思想政治教育资源的稀缺，思想政治教育资源成为党务工作干部、思想政治工作干部和有关专家等极少数人的专利。在网络技术的支撑下，人人都能拥有思想政治教育资源。

二是提供了途径方式和方法。随着各种局域网、城域网同国家骨干网络相连通，从而使网络思想政治教育进入社会的各个方面。而且由于网络技术的发展，经济实惠的网上电话、网上寻呼、网上传真、网上会议、网上论坛又为社会各界参与思想政治教育提供了技术支持。初步形成了网络思想政治教育多途径、多形式的立体式格局。随着下一代互联网的广泛应用，现实世界和虚拟世界逐步走向融合，特别是多媒体技术的深度发展，为网络思想政治教育提供了更多的途径和方法。

3.网络思想政治教育生活化的发展趋势

网络思想政治教育生活化是指应将网络思想政治教育信息融入受教育者的网络生活之中。预测网络思想政治教育生活化的依据在于：

（1）随着人的生存方式的发展，网络思想政治教育需要生活化

生存方式，一般指人类生存和发展的活动方式，包括生产方式和生活方式。生产方式是人们取得物质资料的方式，包括生产力和生产关系两个方面。生产力是人类改造自然、征服自然获得物质资料的能力，包括劳动者、劳动资料和劳动对象，其中劳动者是决定性因素。生产关系是指在生产过程中形成的人和人的关系，包括生产资料归谁所有，人们在生产过程中的地位和相互

关系，产品分配的形式。其中，生产资料所有制在生产关系中起决定作用。生活方式范畴有广义和狭义两种解释。广义是包括生产活动在内的人类全部生活活动的现象、方式和特征的总和，包括劳动生活、经济生活、政治生活、文化生活、艺术生活、宗教生活、精神生活、家庭生活、娱乐生活等。可见，广义的生活方式包括生产方式；狭义则是指除了生产活动之外的人类社会生活活动的方式的总和，也就是指个人及其家庭的日常生活的活动方式，包括衣、食、住、行、用以及闲暇时间的利用等。

互联网的迅速发展，使人们生活在两个世界，一个是现实世界，另一个是虚拟世界。而在虚拟的环境中，网络主体的真实身份被虚拟化了，网络主体的地位是平等的。在这种情况下，受教育者对网络思想政治教育信息的吸收是一种自主选择，传统思想政治教育中的"灌输"方法已经显得苍白无力。因此，只有把网络思想政治教育信息与受教育者的各种生活信息紧密结合，网络思想政治教育才能收到实效，才有旺盛的生命力。

（2）互联网技术的发展为网络思想政治教育生活化提供了条件

互联网自1994年进入商业营运以来，由于需求不断增加，新的技术及其应用不断拓展。现在，电子邮件、远程教育、虚拟现实、电子商务、电子政务、网络社区、网络新闻、网络游戏、博客、播客等技术的日益广泛应用，使人们的生产、学习、生活和休闲方式发生了深刻变化，同时也为网络思想政治教育的生活化提供了技术支持。随着网络信息技术的不断发展，信息终端将无所不在，因此，可以预料，随着人们生活网络化的拓展，网络思想政治教育的生活化将不断得到提升。

4.网络思想政治教育制度化的发展趋势

网络思想政治教育制度化是指网络思想政治教育应依靠法律、法规、政策、规范等方面的保障。预测网络思想政治教育制度化的依据在于：

（1）网络思想政治教育环境的治理需要制度化

开展网络思想政治教育首先要治理好网络思想政治教育环境，否则，网络思想政治教育的收效甚微，因此，治理网络思想政治教育环境，是开展网络思想政治教育的基础工程。由于网络的开放性，它在给网络主体带来大量有用信息的同时，也带来了许多消极的信息和不良影响。比如，色情暴力、民族仇恨、虚假信息、经济诈骗、"黑客"骚扰和制造病毒等。为了改变这种局面，维护好网络秩序，净化网络思想政治教育环境，就需要借助制度的强制性。特别是法律、法规，它以"必须"的形式使人们不敢超越法律、法规的限制。完备的法律、法规是有效管理网络，预防、遏制各种不良行为的关键。虽然目前人们的法律水平还不可能一下子将与网络有关的法律问题考虑周全，相应的网络法律、法规的制定和实施还需要一个相当长的过程，但网络思想政治教育环境的治理必将走上制度化的路子。

（2）网络思想政治教育途径的实现需要制度化

网络思想政治教育的基本途径有两条：一是建立思想政治教育的网站或网页。这条途径无疑很重要，它可以提高网络思想政治教育的系统性、及时性和影响力。但要建好思想政治教育的专门网站或网页，就必须以制度为保障，切实解决好思想政治教育网站的地位、功能、目标、内容、队伍、经费等一系列重大问题。二是将思想政治教育信息渗透到各项业务信息中去。我们知道，由于网络主体是以符号形式出场的，真实个人的"缺场"使其缺乏责任感和约束力。网络主体身份的隐蔽性就导致对信息的自由选择性。在这种情况下，受教育者要自觉寻找、吸收思想政治教育信息的可能性不大。因此，网络思想政治教育仍然需要坚持"灌输"的方针，即把思想政治教育信息与各项业务工作信息有机地结合起来，让受教育者在不知不觉中获取、吸收思想政治教育信息。而要做到这一点，就离不开制度的约束，使思想政治教育信息与业务工作信息结合成为可能。

第二节 高校网络思政教育教学模式构建理论

一、网络思想政治教育的目的论及其指导价值

（一）马克思主义关于人的全面发展理论

关于人的全面发展的思想，空想社会主义者欧文曾在《人类思想和实践中的革命》一书中，提出要通过教育"培养智、德、体全面发展的有理性"的新人。马克思在充分肯定欧文天才预测的同时，批判了欧文脱离社会历史发展的空想成分，建立了科学的人的全面发展学说。马克思早在《1844年经济学哲学手稿》中就把"自由"确定为人类本质的一种属性；在《德意志意识形态》一书中则正式提出了"个人的全面发展"这一科学概念，阐述了个

人全面发展的基本含义。后来在《共产主义原理》《资本论》《反杜林论》等著作中进一步对人的全面发展学说进行了系统阐述。

在马克思那里，人的全面发展包括三个相互关联的层面，即人的主体性的发展、人的实践的发展、人的社会关系的发展。主体性、实践和社会关系是马克思关于人的本质含义的三个方面。主体性是人作为社会活动主体的规定性，是主体在与客体相互作用中得到发展的人的自觉、自主、能动和创造的特性。马克思关于主体性的思想，集中体现在《关于费尔巴哈的提纲》中，他指出："从前的一切唯物主义（包括费尔巴哈的唯物主义）的主要缺点是：对对象、现实、感性，只是从客体的或者直观的形式去理解，而不是把它们当作感性的人活动，当作实践去理解，不是从主体方面去理解"。马克思通过对主体性的历史和现实考察，认为人的主体性主要表现为：一是人作为主体的自由自觉的能动性。马克思在《1844 年经济学哲学手稿》中，从人作为人而存在的必然性、本质和根本方式上，指出人首先是一种追求自由自觉活动的存在物，是"能动的自然存在物"。二是人作为主体的创造性。马克思认为，主体的"劳动是积极的、创造性的活动"。三是人作为活动主体的自主性。马克思、恩格斯在《德意志意识形态》中就把主体的活动称为"自主活动"，并认为"这种自主活动就是对生产力总和的占有以及由此而来的才能总和的发挥"；社会关系是人的社会本质的体现，"社会关系实际上决定着一个人能够发展到什么程度"。马克思认为人生来就是以关系的形式存在着的，并十分注重关系的全面性，他指出："人的本质不是单个人所固有的抽象物，在其现实性上，它是一切社会关系的总和"。

（二）马克思主义关于人的全面发展内涵在网络文化条件下得到延伸

1. 网络文化条件下人的实践方式的延伸——虚拟实践

对"虚拟"如何界定，目前学术界还没有一个统一的认识，其中主流观点认为，虚拟是指人借助符号化或数字化中介系统而超越现实性的思维方式和实践方式。"虚拟"并不等于"虚幻"和"虚假"，更不等于"虚无"。虚拟的实质是一种物质存在和信息活动的新方式或新形式。它虽然不具有直观可感的有形物质的特征，但它的的确确是一种客观存在，只不过这种存在的表现形式，更多地是由无形的、但能直接看到的数字信息符号和电子信号构成的。所谓虚拟实践，即实践的虚拟化，是指虚拟主体在虚拟空间使用数字化手段，对虚拟客体进行的有目的的感性活动。

虚拟实践是人类实践发展的一个新阶段，是一种相对独立的新型实践形态，它不是简单地从属于传统意义的现实实践，也不是现实实践的翻版，而是现实实践的延伸和升华。它使人的实践对象第一次突破了纯粹形式的外部物质世界的界限，它将数字化符号上升为实践的中介手段，把人类社会活动的信息经由计算机系统进行数字化处理和合成转换，使主体置身于一个新的关系实在的虚拟实境中。实践手段的"数字化"，是虚拟实践突破以往实践的局限，并崛起为一种新型实践形态的基石和标志。虚拟实践为人类打开了探索事物存在和发展的多种可能性的空间，它可以超越现实时空和物质条件的局限，较自由地将事物的多种可能性外化为对象性存在，甚至使以往在现实中无法展现的一些可能性，变成可在虚拟空间中展现的可能性。

2. 网络文化条件下人的主体性的延伸——虚拟主体性

首先，网络主体的能动性和自主性得到了极大的提升。网络虚拟空间为人们敞开了一个多元化的视界。在这里，每个人可以根据自己的价值取向，自由选择活动的对象目标和运作内容。在每一台电脑终端，每个人都能够以独立的主体身份操作，都能平等地享有充分的主体性地位。更为重要的是，在这自由的空间里，主体可以充分发挥自己的才智，可以尽情地在网络时空中遨游，从而体验到从未体验过的自主感和自由感，切实感受到主体性的高扬，使主体意识不断强化。

其次，网络主体的创造性得到了空前的超越。在电脑屏幕上展现出的各种图景，虽然可以是对现实生活的真实模拟再现，但这还不是网络虚拟的最优长的功能，而最能体现它的优长功能的是超越现实的创造性。在网络虚拟空间，人们可以利用电脑的智能和虚拟的超现实优长，把现实中的不可能性，或者只能在思维中展现而难以在现实空间展现出来的可能性，变成虚拟空间可以反复再现的可能性，创造出现实生活中难以展现的对象，从而有助于主体想象力、创造力的不断提高。

当然，人的主体性的张扬和主体力量的显示，总是伴随着一定的代价。人在虚拟空间中处于一种双重境地，虚拟性与现实性的矛盾、人性与技术的冲突是人们经常面临的问题。在虚拟空间，人的主体性在获得发展的同时，又往往经受着新的束缚甚至奴役。在一定程度上，人在虚拟空间中正沦为电脑、信息、技术的"奴隶"。由此可见，对于虚拟空间中人的主体性，我们不能单以传统的主体性观念来加以考察，它的内涵是随着实践的发展而发展的。从实践的观点看，虚拟空间既不是人的主体性的根本消解，也不是人的主体性的无代价的提升，而是人的主体性发展的一种历史延续。虚拟空间本身并不是一个理想的自由王国，但它却为全面的、开放的、完善的主体性的形成准备着条件。

3. 网络文化条件下人的社会关系的延伸—虚拟社会关系

社会关系从本质上来说，不过是人的本质力量的外在显现而已。人的本质力量越丰富，则显现的形式就越多样化。与之相对应的是，社会关系也越丰富和多元化。虚拟社会关系的产生，正是人的本质力量不断提升的必然结果。所谓虚拟社会关系是指虚拟主体在网络虚拟空间建立起来的各种关系的总和。虚拟社会关系的建立，使社会交往扩大化、普遍化和深刻化，对丰富和发展人的社会关系具有重大意义。网络虚拟社会关系表现出以下特征。

首先，网络虚拟社会关系是一种开放型的关系。关系双方既不必有血缘关系，也不必有地缘关系和业缘关系。交往对象的职业性质、社会地位、经济状况、文化背景、政治态度、居住地域等差异，已不再成为影响交往的前提条件。只要有共同的交往需求并认同交往内容，就可以自由地进行交往，而且每一个虚拟主体可以同时以多种角色与多个对象交往。因此，网络虚拟社会关系不仅可以涵盖现实社会关系，更重要的是，它可以无限地拓展，只要是有电脑终端的地方，网络虚拟社会关系都可以延伸至此。

其次，网络虚拟社会关系是一种平等型的关系。在网络虚拟空间里，交往主体是以符号形式出场的，真实个人的"缺场"使主体之间缺乏直接的感性接触，所以相互之间也就缺乏约束力。在这里，交往主体的地位是平等的，没有高低贵贱之分。同时，交往主体之间关系的建立与结束，也不受交往对象和其他任何因素的制约，充分体现了自愿交往的原则。与现实社会中交往主体受各种约束相比，网络交往方式不能不说是一种交往方式的解放。

二、网络思想政治教育的方法论及其指导价值

（一）马克思主义生活理论

思想政治教育是一种意识形态的教育，马克思主义的生活理论在思想政治教育中同样适用。人们的思想政治品德及其需要是在人们的现实生活实践中形成的，通过彼此之间利益关系的处理表现出来，只有在现实生活实践中才能判断一个人的言行是善还是恶，是美还是丑，是道德的还是不道德的，也只有在不断的生活实践中，才能逐渐形成一个人稳定的思想政治品德和思想政治情操。正如法国著名的思想家爱尔维修所说："如果我生活在一个孤岛上，孑然一身，我的生活就没有什么罪恶和道德，我在那里既不能表现道德，也不能表现罪恶。"整个人类社会的一切变化包括思想行为的变化都源于人们现实生活的变化，也只有通过生活实践才能使人们的思想行为得到合理的改造。用马克思主义的生活理论审视网络思想政治教育，我们认为：网络思想政治教育内容来源于教育对象的网络生活，只有将网络思想政治教育的内容信息多渠道、多层次、多形式的融入教育对象的网络生活，实现网络思想政治教育生活化，才能实现网络思想政治教育的目的。

（二）生活世界理论

生活世界是西方哲人作为哲学概念提出来的，本身是一个分析性的概念，并不包括社会现实的具体内容。因此，我们应以马克思主义的生活观为指导，批判地借鉴生活世界理论。我们批判地借鉴生活世界理论可以得到如下启示：一是要确立网络生活在网络思想政治教育中的本体地位。回归生活世界，是众多西方哲学家在论及生活世界时的最终选择。网络思想政治教育作为一种网络实践活动，属于网络生活的一部分，两者之间具有不可分割的本体性联系。二是要树立"以人为本"的意识。生活世界理论本身蕴涵着"以人为本"的价值取向。在网络思想政治教育中引入"生活世界"的概念，本身应包含对教育对象主体地位的认可和价值的尊重。

三、网络思想政治教育的理论基础

（一）马克思主义关于社会存在与社会意识辩证关系的理论

首先，社会存在决定人的思想内容。思想政治教育活动必须根据社会存在决定人们思想的客观规律，全面考察教育对象所处的环境和自身身心发展的规律，把握其思想形成变化的外部客观因素，有针对性地组织与实施思想政治教育活动。网络作为新技术发展的产物和人类的新型交往空间，与现代人的经济、政治和文化活动紧密相关，它是一种崭新而强大的社会存在。人们在网络环境中会形成各种新的思想观念，先进的思想会推动网络发展，落后的思想则会制约网络的发展网络思想政治教育者在具体工作中，不仅要收集思想信息本身，还要了解网络社会的环境条件，了解当时的政治、经济、文化发展状况、社会风气及道德风貌，再把网民的思想放到特定环境中去考察，达到真正把握网民的精神实质以及思想观念变化的本质，才能进而有效地开展教育活动。在网络思想政治教育研究和实践活动中，研究者和教育者切忌从本身的主观臆想出发，凭想象、估计和感性经验来开展活动，而要注重调查研究，深入了解网民实际情况，始终坚持关注网民思想状况、实际思想水平及其思想品德形成发展的规律，自觉地把感性经验上升为理论，并指导实践。

其次，人的思想对社会存在起着能动作用。人的思想反映客观世界是一个创造性的过程，人只有在正确思想的支配下，以自己的行动来改变客观世界，才能充分地发展和完善自己。一旦先进的思想占据人的头脑，就能对社会的发展起巨大的推动作用，而落后的思想则会阻碍和延缓社会的发展，甚至造成对社会的破坏。教育者就是要通过思想政治教育，传播先进的思想、理论，武装人们的头脑，指导社会实践活动，促进社会的发展和进步。网民在网络里不是被动的，要开展网络思想政治教育，必须注重发挥网民的主动性、积极性和创造性，通过网络来为网民思想品德的转化提升服务。同时，网络也常常由于网民的错误思想观念，而成为负面事件和社会不稳定因子的多发地，这也阻碍了网络社会的健康发展。网络思想政治教育就是要通过网络传播社会主义核心价值体系，引导其形成正确思想，规范其网络行为，从而净化网络空间，促进网络社会良性地发展。

最后，人的思想转变和发展最终是由社会物质生活条件所决定。人的思想反映和创造客观世界的能动作用无论多么强大，都不能从根本上改变人的思想对外部客观世界的依赖性。人的思想的转变，正确思想的形成，最终是由物质生活条件所决定的。思想政治教育必须从客观实际出发，遵从客观规律，才能有效地转变人的思想，达到促使人们树立正确思想的目的。网络这种新生事物的出现和它对人们生活方式的深入影响，使得人们的思想发生了很大变化，我们不可能"隔离"网络，或置身网络世界之外。要想引导人们在网络环境中形成正确的思想，就必须深入了解网络技术、网络社会和网络文化融合发展的各方面情况，从揭示网络思想政治教育本质和规律性的层面深入研究理论，并指导网络思想政治教育实践的有效进行。

（二）马克思主义人学理论

1. 存在论

马克思主义认为，人是实践的存在，是"现实的个人"的存在。马克思、恩格斯指出他们的哲学的"出发点是从事实际活动的人"，应该"从现实的、有生命的个人本身出发"，来研究"处在现实的、可以通过经验观察到的、在一定条件下进行的发展过程中的人"。马克思还进一步指出，人不仅是现实的、具体的，而且也是历史的，对人的考察应该总是在人和历史的互动中，对人的过去、现在、将来及其各自特征进行分析。在此基础上，马克思认为，人是从事实践的人，实践是人类最根本的存在方式，人及社会在实践过程中诞生和发展起来。实践改变了世界的存在方式，改变了人与世界的关系，实现和确证着人的存在，使人最终获得生存和发展的自由。人的存在就表现为人的现实性、历史性和实践性。马克思不仅指出了人的存在就是他的实际生活过程，而且揭示了人的生存的实践特质。思想政治教育是人的一种精神实践活动，也是人生存发展的一种重要方式，"人从事这样一种活动、过这样一种生活只能是出于维护与促进自身存在和发展的需要"，马克思主义关于人的存在理论让我们清晰地认识到，思想政治教育发端于人更好地生存和发展自己的需要。

网络环境对人们的影响日益深刻，网络已成为人类新型的生活方式，人们必然会执着追求更好地生存于网络中，并优化自身的存在和发展方式。万光侠在《思想政治教育的人学基础》一书中，还特别论证了人的现实生存与虚拟生存的问题，并明确提出"虚拟生存是人的现实生存的延伸，是一种相对于人的现实生存又超越人的感觉的、通过网络技术和信息处理技术而发生交往活动的生存方式。这里的虚拟不是虚构，而是指数字化、符号化，故虚拟生存又叫数字化生存、符号化生存或网络化生存"。可见，人的网络存在就是更好地进行网络生存的过程。网络思想政治教育的出现，也就是发端于人在网络中更好地生存、提升和发展自己的需要。马克思主义关于人的存在理论，对于厘清网络思想政治教育的目的和任务起着重要的指导作用。同时，网络自由、平等、互动、开放等特性，对于人更好地生存于环境中，发挥人的潜能，提升人的价值等方面都有深刻影响，因此网络思想政治教育的实践价值中很重要的部分就是提升、优化了人的生存发展方式。

2. 本质论

马克思主义认为，人的本质是劳动实践。实践是人类所有本质特征中最具决定性意义的因素，它是这些特征以及整个人类产生和存在的基础。马克思主义还特别强调了社会关系的意义，明确指出"人的本质不是单个人所固有的抽象物，在其现实性上，它是一切社会关系的总和"。这一论断，是马克思主义关于人的本质的总纲和全部理论的基石。人的本质是社会关系的总和，与人的本质是劳动的结论是完全一致的，它进一步指出了考察人的本质的具体途径，就是只有从分析社会关系入手，才能真正把握人的本质。人的本质是由社会关系决定的，社会关系可分为物质的社会关系和思想的社会关系。人从出生的那天起就置身在一定的社会关系中，这些关系主要有经济关系、职业关系、政治关系、法律关系、文化关系、伦理道德关系、民族关系、家庭关系、地域关系等等，其中的经济关系起主导作用。人的本质随历史的发展而发展，在不同社会的历史时期，人们从事的生产方式不同，人与人之间交往所结成的社会关系也是不同的，人的本质也就呈现出不同形态，不同社会的生产方式铸成人的不同形态的本质。网络作为一种社会存在，推动了人的实践和社会关系的发展。人为了生存发展，就会产生与他人交往的需要。网络是适应人的交往需要而产生的，它体现了发展着的社会关系。

网络是作为人类的"第四媒体"出现的，传者和受传者在网络中的角色频繁互换，这就使得个人在传播领域中的地位和角色不断发生着变化，直接导致了个人在社会生活中的地位和角色的变化及个人社会化程度的提高。网络使得原本相对孤立的个人之间或个人与社会之间联系更加紧密，网络的开放性使得人类自身与外界联系的广度和深度都得以拓展。个人通过网络与外部世界不断增进联系的结果，也会使得个人自觉或不自觉地增强社会化程度。、网络促使个人在社会生活中成了更加主动的一方，成为一种不可忽视的社会力量。网络成了人类的"第二种交往方式"，网络社会的崛起，正是各种社会关系发生变化的集中反映，这也必将对人的思想观念的变化产生深刻影响。马克思主义关于人的本质理论为思想政治教育对人的思想的科学认识和培养人提供了理论指南，对网络思想政治教育也产生着强大的指导作用。

一方面，人的本质理论指导着我们全面历史地认识网络社会中人的思想。思想政治教育的工作对象是人，思想政治教育要发挥调动人的积极性和提高人的素质的功能，必须要认识和了解人。网络思想政治教育是适应网络社会关系健康发展需要而产生，是提高网民思想品德的实践活动，也是不断增强网民社会性的活动。网络思想政治教育研究中对教育对象的认识必须放到网络社会各种社会关系变革的背景中去，而不能仅仅将网络看成是工具。工具可以摆脱，环境和社会关系却无法摆脱。马克思主义关于人的本质理论能帮助我们全面历史地认识和掌握网络社会中人的思想活动规律，以更有针对性地开展网络思想政治教育活动。

另一方面，人的本质理论有助我们认清网络思想政治教育环境研究的重要性。人的各种社会关系，就是思想政治教育的各种环境。思想政治教育环境理论研究强调对环境的选择和优化，这是受到人的本质制约的。对各种社会关系研究的程度越高，对思想政治教育环境的优化研究的可操作性就越强。网络思想政治教育不能仅停留在基于网络工具性层面去开展，其根本原因就在于网络社会的崛起已经引起了社会关系的巨大变化。网络思想政治教育是因为环境改变而产生的全新形态，它不是仅能使用网络工具的"网上思想政治教育"。马克思主义关于人的本质理论指导我们更加清楚地认识到，超越网络工具性层面进入网络社会观层面研究网络环境中的思想政治教育的历史和逻辑必然性。

3. 发展论

思想政治教育的最高目的，在于促进入的自由而全面发展。马克思在《德意志意识形态》中，正式提出了"个人的全面发展"这一科学概念，以后又在许多重要著作中做了系统的阐述，建立了科学的人的全面发展学说。根据马克思的观点，人类的整个活动（不管人们是否意识到）不是毫无目的的，而是内在地必然地为一定目的而存在。人类活动的目的就是人的生存和发展，二者是辩证的统一体。人类要获得发展，就首先要解决生存问题，生存是发展的基础和条件；而当人类解决了生存问题之后，人的发展和人的全面发展就会成为整个社会及整个人类活动追求的最高目标。人的全面发展是相对于人的片面发展而言的。马克思主义要争取实现人的全面发展，不只是单个人的发展，而是要使"每个人"及"任何人"，即"全体社会成员"都能普遍地得到发展。马克思主义关于人的全面发展的内涵主要包括体力和智力充分自由发展、人的才能多方面发展和个人社会关系的高度丰富和发展。马克思所强调的社会关系发展是人的全面发展的重要内容，作为人的全面发展的人的主体能动作用的充分发挥，必然要求社会关系高度丰富的发展，从而使人们突破个体或地域对人的全面发展的限制，在更广阔的社会交往中使人的能力得到更大的发展。

马克思主义关于人的全面发展的科学理论，是建立在社会物质生活条件的发展即社会存在的发展所提出的已经成熟的任务基础上的。按照马克思的论述，实现人的全面发展，还必须具备以下三个条件：

一是社会生产力的高度发展是实现人的全面发展的物质前提。人的全面发展由于受生产力和生产关系的影响，具有历史性和现实性的特点。从历史性来看，生产力发展水平制约着人的发展状况，人的发展水平与生产力发展水平相一致；社会的分工会导致人的片面发展，而私有制还强化了这一趋势；现代大工业生产和科学技术进步为人的全面发展提供了物质基础和可能性。

二是自由时间的增加是个人全面发展的基础。自由时间是指可以自由支配的时间，即可以用于从事科学、艺术、社会活动等非物质生产活动的时间，有了充分的自由时间，个人才能全面发展。

三是社会关系的丰富是个人全面发展的重要条件。人的全面发展是社会前进的必然趋势和未来社会的终极目标。人的全面发展理论对思想政治教育认清自己活动的出发点和最终归宿点有重要帮助。思想政治教育的主题是做人的工作，通过调动和发掘人的主动性、积极性和创造性来实现人自身和社会的全面发展。

第三节 高校网络思政教育教学模式构建机制

一、高校网络思想政治教育的法制保障

（一）网络思想政治教育法制建设的现状与发展

随着网络技术发展的日新月异以及网络应用的日益普及，对网络法制建设的要求越来越高。网络法制建设是不断适应网络发展的过程。网络思想政治教育的法制建设既要适应法制建设自身的要求，也要尊重思想政治教育的工作规律。由此，在网络法制建设中应重点处理好以下若干关系：

第一，弘扬主旋律与尊重个性化发展空间之间的关系。网络思想政治教

育必须体现为社会主义现代化事业服务的宗旨，坚定不移地弘扬社会主义的主旋律，各个网络信息服务单位及其用户社区都应成为积极传播社会主义核心价值观的流动窗口，这是我国出台网络信息服务法律管理规定的根本目的所在。但是，由于互联网络没有中心控制计算机，用户的发展和使用没有限制，使得网络传播处于无序状态，这就容易为各种不法分子和敌对势力所利用。对于发展中国家来说，使用网络更多的是接受信息，这意味着这些国家将比以往更多地受到国外特别是西方媒体和信息的影响，"信息霸权"对于发展中国家保护和发展民族文化形成冲击。这对于在网上弘扬社会主义的主旋律形成严峻挑战。同时，在网络空间中，网络的个性化发展是网络内容丰富多彩的有机组成部分，自由和个性的张扬往往被网民所推崇。

这就要求我们在法律调控之中要预设一定的个性化发展空间，以供网络信息服务单位和网民得以在法律规定的框架内从事创造性的行为和活动，不断丰富和活跃网络文化的内容。

第二，法律约束与道德自律之间的关系。在开展网络思想政治教育中，对于网络信息服务的监管，我们可以借鉴一些信息发达国家的经验，采取两条腿走路的方式。既要强调政府主动介入，建立一套快速反应的行政执法与司法处置的监管体系，更要着力培植网络信息服务的行业监管与虚拟社区的自律督管的民间管理模式。一方面，法律以国家强制力为后盾对社会关系的调整是十分有力的，但法律绝非万能，法律的制定并非使道德失去意义。网络管理离不开道德的规范作用，在理论上，诸多原因表明以德治网可以弥补依法治网的不足；在实践上，网络文明工程的建设正方兴未艾，网络伦理的独立地位得到了理论与实践的双重肯定。另一方面，法律作为道德的后盾与保障，以其明确性、可操作性、稳定性、强制执行性等特点，来弥补网络伦理规范之不足，通过追究不道德的违法犯罪当事人的民事、行政、刑事责任发挥着重要的社会功能。如何协调好这两者之间的关系，使网络信息服务的监管真正做到有张有弛、宽严结合，政府自主、网民自觉的有机结合，这也是网络思想政治教育的法制建设中要处理好的一个重要问题。

第三，发展与管理之间的关系。在网络发展和管理这对矛盾中，发展始终是矛盾的主导方面，要给发展留有足够的空间。中央提出的关于互联网"积极发展，加强管理，趋利避害，为我所用"的 16 字工作指导原则，已经辩证地说明了发展与管理的关系。这就要求在网络思想政治教育的法制建设中兼顾全局、着眼长远，注重网络发展的可持续性。所以，以发展的眼光而不是墨守成规的眼光看待网络中的一些现象，强调任何局部网络的利益和发展机会不应以损害其他局部为代价，使网络法律的主体逐渐从"作为个体的人"扩大为"作为整体的类"是十分重要的。网络将不仅作为即时性的工具，而且更应作为人类社会历时性的生活理念而存在，因而必将对整个人类社会的发展产生深远的影响。所以，网络法律的制定过程中在加强网络管理的同时，要着眼于网络的发展，应该包含融合了文化传统、时代精神与未来理想的历史尺度，将网络和人自身的"可持续发展"视为法律关怀的直接目标。

第四，可操作性和原则性之间的关系。法律制定的本身并非目的，其直接的目的是法律的实施。这就要求在网络思想政治教育的法制建设过程中坚持原则性和可操作性的统一。没有原则性的法律也就不能称其为法律，没有可操作性的法律也是一纸空文，一味注重理论完美及奖惩力度的规范，法律也不足以维持网络秩序。因此，要十分重视网络法律实施的可操作性建设。应从维护网络信息正常流通和合理使用，维护信息所有者、用户的正当权益出发，制定出便于网络管理、便于当事人起诉、便于司法机关管辖，便于公检法机关协同办案的科学的实施条例，使网络法真正成为新时代生产力的保护者。与此同时，为了加强执法力度，网络技术专家和司法专家，信息产业界和法律界应建立合作关系，以探讨最有效地控制网络有害信息和网络犯罪的法律标准和技术标准。

（二）进一步完善网络思想政治教育的法律规范

1.建立网络思想政治教育的法律保障

我国虽然已制定了一系列关于信息安全的管理条例，如《中华人民共和国计算机信息网络国际联网管理暂行规定》《全国人大常委会关于维护互联网安全的决定》《互联网信息服务管理办法》《互联网电子公告服务管理规定》等，但就网络法制建设总体水平来看，基本上还处于立法的初级阶段，与我国网络使用人群居世界首位的现实不相适应。因此，为适应网络发展，建立强有力的法律保障体系，进一步规范网络管理秩序，加紧网络法制建设是迫切需要的。首先，在立法时间上，要坚持适时性。即当某种事实发生或社会关系的出现，需要法律规范调整时，在一个合理的时间区内，要依据客观环境和现实的要求，及时制定和颁布实施相关的法律法规。其次，在立法过程中，要注意整体协调性。一方面，针对网络侵权、犯罪的立法，要相对完整、系统、全面，自成体系；另一方面，针对网络的立法，要与原有的其他法律、法规相协调、相补充，健全我国的法律体系。再次，在制定法律法规时，要注意针对性、准确性。网络技术体现了高科技的发展水平，具有很强的专业技术性。针对网络的立法，要具体明确某一法律规范调整某一类社会关系，力求避免似是而非、含混不清、难以实施的情况。因此，有关网络立法，应有法律专家和网络技术专家的共同介入。最后，网络立法要注意与国际通行规则相衔接相一致。各国针对网络侵权与犯罪，都制定了相应的法律法规，这类立法本身就有可借鉴之处，我们在立法时更要力求与国际接轨，以便在世界范围内打击网络侵权犯罪，保护当事人权益方面处于主动的地位。

2. 加强网络思想政治教育法律规范建设

尽管我国网络法制建设已经取得了很大的进展，在某些特定领域的立法也有了新的突破，但随着网络的普及和发展，网络法律规范建设有待加强和完善。一是加强网络法制建设的基础研究和人才队伍建设。包括开展重大的信息化法制建设问题专题研究，为网络立法提供理论支撑；培养一批既具备法律研究素质，又掌握信息技术知识的法学研究专门人才。二是完善网络立法布局，充分发挥法律的调节功能。迄今为止，由全国人民代表大会及其常务委员会制定的网络法律仅有《中华人民共和国电子签名法》和《全国人大常委会关于维护互联网安全的决定》，其余的网络法律规范大多采用行政法规或部门规章的形式，偏重于行政管理，存在管制多，扶持鼓励少；行政许可多，权利保护少的情况。

就促进网络思想政治教育健康发展来说，我国网络法制建设应十分重视互联网内容的净化并制定相应法律。互联网的发展给我们的意识形态管理带来了新的挑战。面对互联网层出不穷的新技术和新业务，建立在传统介质基础上的媒体管理体制遇到了前所未有的挑战。互联网内容的管理属于意识形态管理，是内容安全问题，虽属大信息安全的范畴，但与网络安全、系统安全和数据安全有本质区别。内容安全主要是指信息内容是否符合社会的价值标准，是否有悖于公共道德，是否会对社会造成负面影响。而网络安全与系统安全是指网络与信息系统是否能够正常发挥功能，数据安全是指存储在网络和系统中的数据是否被人非法获取、删改或丢失。保障网络安全、系统安全和数据安全的主要措施是反攻击、防病毒、防止非法进入，建立容灾和备份体系。而保障内容安全的主要措施是发现和判断，特别是对内容作出判断，需要专门机构和人员，需要具有法律效力的法定程序等。因此，不能把内容安全与其他信息安全混为一谈，信息内容安全与信息网络安全应当分别制定相应的法律规范。在网络法制建设中应重点围绕《电信法》《互联网内容净化法》《信息安全法》《个人信息保护法》《电子政务法》等法律开展研究和立法工作。

（三）用法律保护大学生健康的网络空间

1.建立防治网上有害信息法制环境

何为有害信息，法律已有明确规定。《高等学校计算机网络电子公告服务管理规定》第十三条规定的网上有害信息主要涉及九个方面的内容：①违反宪法所确定的基本原则的；②危害国家安全，泄露国家秘密，颠覆国家政权，破坏国家统一的；③损害国家荣誉和利益的；④煽动民族仇恨、民族歧视，破坏民族团结的；⑤破坏国家宗教政策，宣扬邪教和封建迷信的；⑥散布谣言，扰乱社会秩序，破坏社会稳定的；⑦散布淫秽、色情、赌博、暴力、凶杀、恐怖或者教唆犯罪的；⑧侮辱或者诽谤他人，侵害他人合法权益的；⑨含有法律、行政法规禁止的其他内容的。这其中一类主要是侵害公民私权利的有害信息，可以通过诉讼、调解等权利救济途径解决；另一类是破坏公权力的有害信息，危害极大，必须依法严厉打击。要加大网络管理力量，依法治网，坚决清除网上有害信息，尽量为大学生提供一个良好的网络空间。有害信息在网络中要经过制作、发布、传输、接收等几个环节，因此，可以在这几个环节中依法治理。首先，采用技术措施进行过滤、分级，并依法确定该技术措施的合法性，必要时可规定该技术措施应当强制运用。其次，依法明确网络内容提供商、网络接入服务商和其他网络经营者的权利、义务及责任。最后，要明确专门机构管理，并协同相关组织综合治理，有效防治有害信息。

2.建立信息网络安全法律体系

随着我国信息化的发展，信息网络在经济和社会发展中的地位和作用越来越重要，网络的瘫痪、数据的丢失，给社会稳定和人民财产安全造成的损失也越来越大。可以说，加强信息网络安全工作是保障大学生健康网络空间的重要组成部分。当前，网络安全事件的社会影响和经济影响越来越大。就信息网络安全的威胁看，主要来自以下几方面：一是病毒。病毒的种类越来越多，爆发越来越频繁，破坏性越来越大。二是黑客。黑客攻击的工具越来越多，黑客攻击的本领越来越高，对系统的威胁越来越大。三是网络与系统瘫痪。由于病毒、攻击或者其他原因，都会造成网络与系统的瘫痪。四是数据失窃或失密。随着电子政务建设的推进，大量重要信息以数据库形式存储于计算机系统和网络之中，也加大了国家重要信息情报失窃的风险。国外敌对势力利用技术手段，通过网络非法获取国家的重要情报，造成对国家安全的威胁。

安全问题是发展信息网络的关键。但整体上看，我国有关信息网络安全的法律尚处于起步阶段，不甚完善，还没有形成一个具有完整性、适用性和针对性的法律体系。有鉴于此，今后我们应当通过建立与完善信息网络安全法律体系，为青年大学生创造良好的网络空间。

二、网络思想政治教育的协调机制

（一）建立"网前、网上、网后"全过程教育体系

在保持和发挥好网上思想政治教育的优势的同时，必须注意做好大学生的"网前教育"与"网后教育"，使网前、网上与网后教育优势互补，相互配合，从而构筑起网前、网上、网后联动、全时关注、全程覆盖的教育体系。只有这样才能充分发挥大学生思想政治工作的整体效力。

网前教育，就是在新生入学后对他们进行一次计算机使用规范的教育。其目的是要使大学生懂得使用计算机网络的规范。对大学生进行网前教育，最主要的是引导他们树立正确的网络观。让他们懂得网络的本质究竟是什么？网络究竟能给人类社会带来什么？如何正确利用网络、使用网络资源？怎样看待网络发展过程中出现的种种弊端？网络上的信息无所不包，正确的、错误的，健康的、不健康的应有尽有，应如何辨别？怎样避免"网络综合征"？

网上教育的目的，就是要建立高校思想政治工作网站，使网络成为大学生思想政治工作的重要渠道和重要阵地。要将党的声音传到网上，通过互联网宣传党的路线、方针、政策。要为大学生释疑解惑，同网上错误思想做斗争。要在网上提供丰富多彩、生动活泼的内容，增强思想政治工作网站的吸引力。要利用"网上论坛""电子信箱""心理咨询""交友""热线服务"等形式，

对大学生进行思想教育和心理咨询。

网后教育，即针对大学生因上网而产生的一系列思想问题，在大学生下网后，采用传统的面对面的思想政治教育方法（如作报告、演讲、开会、讨论、座谈、个别谈心等），对大学生晓之以理、动之以情，从而促使其提高认识、解决问题，达到教育的目的。要针对部分大学生迷恋网络，容易产生心理问题的实际，开展丰富多彩、健康向上的校园科技文化活动和社会实践活动，引导大学生正确认识网络世界与现实生活的关系，从网络迷恋中走出来。要针对网上出现的重大热点、难点问题，进行有计划、有目的的网后引导。

从网络时代高校网络思想政治教育的过程来看，大学生网前教育、网上教育与网后教育是一个统一的不可分割的整体，有其内在的必然的逻辑。网前教育，告诉了大学生网上应该做什么，不应该做什么，为什么要这样做，而不能那样做；网上教育，主动加强对大学生网上的教育和引导，把政治思想问题尽量解决在网上；网后教育所要着重解决的是在经过了网前、网上教育之后，大学生仍然难以避免产生的一些政治思想问题。

（二）坚持教育内容上的系统性和发展性

网络思想政治教育内容的研究和构建是做好网上思想政治教育工作的基本前提。直接关系到网络思想政治教育目标的实现，影响网络思想政治教育的实效。构建高校网络思想政治教育内容，在思想导向上，要牢牢把握一个问题，就是必须坚持马克思主义对网络思想政治教育的指导地位。网络的思想政治教育阵地，马克思主义不去占领，就会被各种非马克思主义甚至反马克思主义、反社会主义的思想意识形态占领。构建高校网络思想政治教育内容，要遵循系统性原则。

在确定网络思想政治教育内容时，一方面，要从高校网络思想政治教育这个大系统出发，考虑网络思想政治教育内容在这个大系统中的地位以及与其他部分的内在关联；另一方面，要从网络思想政治教育内容本身的系统出发，按照社会发展和大学生的实际需要，有选择、有重点地确定教育内容。并且要坚持发展性原则，根据形势发展的需要和理论建设的最新成果，及时更新、增加网上思想政治教育的内容。当前高校网络思想政治教育的主要内容应包括世界观、人生观和价值观教育内容。世界观、人生观和价值观教育要以理想信念教育为核心。要坚持不懈地用马克思列宁主义、毛泽东思想、中国特色社会主义理论体系武装大学生，深入开展党的基本理论、基本路线、基本方略教育，开展中国革命、建设和改革开放的历史教育，开展基本国情和形势政策教育，使大学生正确认识社会发展规律，认识国家的前途命运，认识自己的社会责任，确立在中国共产党领导下走中国特色社会主义道路、实现中华民族伟大复兴的共同理想和坚定信念。

民族精神教育内容。民族精神教育要以爱国主义为重点。弘扬和培育民族精神，要深入开展中华民族优良传统和中国革命传统教育，开展各民族平等团结教育，培养团结统一爱好和平、勤劳勇敢、自强不息的精神，树立民族自尊心、自信心和自豪感。此外，还要将民族精神教育与以改革创新为核心的时代精神教育结合起来，引导大学生在中国特色社会主义事业的伟大实践中，艰苦奋斗的作风和昂扬向上的精神。

公民道德教育内容。公民道德教育要以基本道德规范为基础，认真贯彻《公民道德建设实施纲要》，以为人民服务为核心、以集体主义为原则、以诚实守信为重点，广泛开展社会公德、职业道德和家庭美德教育，引导大学生自觉遵守爱国守法、明礼诚信、团结友善、勤俭自强、敬业奉献的基本道德规范。坚持进行诚信美德教育。坚持知行统一，积极开展道德实践活动，把道德实践融入大学生学习生活中去。修订完善大学生行为准则，引导大学生从身边的事情做起，从具体的事情做起，着力培养良好的道德品质和文明行为。

（三）构建齐抓共管的组织领导机制

要建立高校内部的网络思想政治教育领领导小组导小组。形成党委统一领导，党委宣传部牵头抓总，学工部、研工部、团委和保卫部、各院（系）各司其职、密切配合，广大师生广泛参与的齐抓共管的网络思想政治教育工作格局和组织保障系统。通过网络思想政治教育领导小组把各个部门、各单位、各层面的人力、物力、财力和各种资源等组织起来，有效地调控网络思想政治教育的开展，以形成其特定的整体功能的网络思想政治教育系统。

我们要造就一批网络思想政治教育队伍。这支队伍的构成应该是多层面的：既有专家教授，又有校院领导；既有青年教师，又有学生骨干；既有职能部门负责人，又有学生工作辅导员。只有形成这样的网络思想政治教育工作体系，才能牢牢把握网络思想政治教育的主动权。为此，要加强对现有学生工作队伍的网络技术培训，推动各项工作向网络空间延伸。通过培训，使现有学生工作队伍善于运用互联网快速地获取信息，能够准确地评价信息，主动参与信息的创建，利用信息丰富学校思想政治教育工作的内容。

要建设一支专职的网上辅导员队伍。从专职学生工作队伍中选拔一批年纪较轻、能力较强并且有较好的网络知识和技术的教师充实学校网上辅导员队伍，并创造一定的条件吸引有从事这些工作兴趣和能力的业务教师参加到网上辅导员队伍中来。而且这支队伍应成为网络信息监控、信息汇总、网上师生交流、正面舆论引导等方面的骨干。

此外，要建立一支由各院系学生骨干组成的兼职队伍。他们需要具备以下素质：思想素质好，政治觉悟高，覆盖面广，并熟悉网络，了解学生们的需要。他们在专职教师的指导带领下，承担网络信息的采编、更新、发布、网页制作、网络维护等工作。他们以普通大学生的身份，参与网上聊天、论坛、留言簿等栏目。当网上有不良言论和错误信息时，他们可以主动地发布引导性的、正确的信息，对网络舆论起正确的引导作用。

要处理好网络思想政治教育者之间以及教育者和被教育者之间的关系。网络思想政治教育者是网络思想政治教育活动的组织、实施与调控者，在整个网络思想政治教育活动中处于主导地位，发挥着主导性作用。这种主导性作用在网络中具体表现为其所具有的"把关"功能（制造、传播、监控网络信息）、教育功能（对教育内容的传输、对教育对象思想行为变化的引导等）、调控功能（获取思想政治教育过程中的各种反馈信息，进行分析、整理。并据以调控自己的组织行为及教育行为等）。与此同时，我们也应该认识到，互联网发展所形成的新的教育环境，使得在传统思想政治教育中的教师权威受到了挑战。因为一方面，网络的发展对教育的资源进行了重新配置，使教师等不再成为稀有的资源，教师的专业权威、法定权威、感召权威逐渐失去。另一方面，网络发展形成了大学生活动的非群体化和个性化。

三、思想政治教育的引导机制

（一）高校网络思想政治教育引导工作方式策略的研究

1. 从实际出发，把握大学生网络思想问题

从网上思想政治教育的实际出发，按照理论联系实际的原则，以实证分析法为主，辅之以调查研究法。通过问卷、访谈、网上调查等多种途径获取足以评价大学生网络思想现状，发挥网络技术和网络文化开放、兼容、自由、

交互、平等、共享的优势，同时进行大量的资料汇集，在掌握丰富材料的基础上，进行反复的研讨分析。这对于高校网络思想政治教育工作方式策略研究具有创新的意义。同时这将涉及现实的高校网络思想政治教育在网络虚拟空间的表现方式。通过网络的传媒优势实现正确的导向，把网络营造成高校网络思想政治教育的新平台，以网络的互动性来把握大学生网络思想问题。

2. 开展丰富多彩的网上教育和服务活动

注重教育引导策略的研究开展丰富多彩的网上教育和服务活动，校园网是大学生获取信息、学习知识和交流思想的主体网络平台。要以校园网为依托，充分运用网络手段拓展思想政治教育的空间，用正确、积极、健康的思想文化占领网络阵地，寓教育于服务中，而不能简单地将传统思想政治教育的模式照搬到网上，不能死板地将传统思想政治课堂延伸到网上。如果要发挥高校思想政治教育主渠道、主阵地作用，就必须坚持思想政治理论课教育进网络，充分发挥网络交互性特点，必须丰富思想政治理论课教育内容，开创思想政治教育的新方式，将信息交换方式、多媒体技术等引进思想政治理论课，增强思想政治理论课及思想政治教育工作的吸引力、感染力，提高思想政治理论课教学效果。特别是要充分发挥网络课堂独特优势，注重现实环境和虚拟空间的有效结合，使网上思想政治教育成为大学生党建、团建和社团工作的重要手段和途径。鼓励、组织大学生参与网络文化建设的自主开发、自我管理、有效辐射，加强在于高校网络思想政治教育引导策略研究。多年来，高校的学生思想政治工作人员和管理人员习惯于强制性的教育，可这种方式对于网络思想政治教育是很难奏效的，唯有以教育引导的方式才能使学生在网上主动接受科学意识形态的教育，自觉抵制消极网络舆论的误导。同时，在教育引导策略研究上取得的突破性成果，也可以直接应用于目前的网络思想政治教育工作。

3. 建设高素质的高校网络思想政治教育工作队伍

进一步认真落实党中央关于加强高校网络思想政治教育工作的指示精神，主动占领网络思想政治教育的新阵地，把网络的优势化为深化大学生思想教育的优势。突出创新性，提高实效性，使网络成为哺育大学生苗壮成长的新空间。切实加强高校网络思想政治教育工作实效性，必须要有一批高素质、高水平的管理工作队伍。要有一支稳定的高素质的教育技术管理队伍，来保证校园网络、教育教学资源、教育技术环境基础设施的运行、维护与管理。这就需要思想政治教育工作人员加强学习，提高自身的综合素质。互联网以其独特的方式给思想政治教育工作人员提高素质创造了条件。通过网络人们可以随时、就地或异地上网学习。现代教育技术队伍是网络教学资源建设研究、开发、应用、推广、培训、服务与管理等各项工作的中坚力量，是资源建设技术保障的关键。学校应该配备一定数量的专业技术人员进行教育技术的研究、开发与推广工作。跟踪现代教育技术的发展，对教师进行技术培训，为高校网络思想政治教育工作上一个新台阶提供可靠的保证。

（二）高校网络思想政治教育引导舆论策略方法的探索

1. 以大学生为本

为大学生服务就是要坚持以大学生为网站服务的对象，以大学生为网站建设和管理队伍的主体一方面，在网站的栏目设计和内容选择上力求贴近学生的学习、校园生活、社会交往、就业与考研、心理健康、休闲娱乐等需求，增强网络的服务功能。通过网上服务，增强思想政治工作的针对性、时效性、感染力和吸引力，将教育与服务融为一体。运用大学生乐于接受的方式、方法开展教育，为大学生成才服务。另一方面，在网站建设中突出大学生"建"、大学生"管"、大学生"用"的理念。在教师指导下，设计、开发、运行、维护各个环节全部由学生来完成，并制定规章制度和工作流程，科学管理。注重人性化服务。在解答学生网上问题时，要坚持问题解答的全面性、有效性、科学性，回复语言尽量贴近学生心理，回复问题时要结合学生生活、学习的需求及时送上鼓励和祝福的话语，将人文精神和人文关怀通过网络传递给学生。

2. 注意 BBS 论坛讨论主题的设置

信息海量是网络媒体一个突出特征。在 BBS 中哪些是同学最关心的问题，哪些是需要优先考虑的问题，BBS 同传统新闻媒体一样具有为公众设置"议事日程"的客观需要。通过"议题设置"，可以把同学的注意力引导到特定的方向，引导同学"想什么"，从而达到引导舆论的目的。网络论坛中的议题设置主要表现在设立讨论主题，围绕国际国内校园内外发生的和同学有关的重大新闻事件，特别是突发事件而设立精心设计讨论主题，是 BBS 的常见做法。同时，由于同学的专业、兴趣、经历各不相同，所关注的话题差异也极大，由此造成网上舆论的多元化和分散性。BBS 的舆论应及时准备论坛管理预案，选择一些诸如个人发展、学术讨论等贴近现实、贴近同学生活的热点问题作为论坛的主题。用积极的话题来左右舆论的走向，减少其他消极言论的影响。

3.真诚面对网络舆论

以真诚面对取代置之不理，在行为层面以舆论引导来取代盲目的封杀，在监管方式的角度上提高了 BBS 对学生的吸引力。此外，为了进一步提高 BBS 对学生的吸引力，不仅要完善 BBS 解决问题渠道的功能，还需要校方在态度层面上以真诚面对。具体反映在 BBS 上发布和获取信息的行为上表现为，对于反映学校的工作失误的言论，如属实要向学生解释并实施具体的行动；对于反映非学校工作失误但对学生造成影响的言论，如属实业要向学生加以说明，晓之以理动之以情，取得同学们的信赖和支持，经过努力，高校 BBS 也能成为发现问题、解决问题的一个畅通渠道。

4.注重针对实际，采用引导方式

要开展融思想性、知识性、趣味性、服务性于一体的网络文化活动。开设交互性、开放式的各种类型的咨询信箱，利用校园网 BBS 论坛、留言板、QQ 群、MSN 等工具开展在线交流，开展网上辅导员、网上心理测试与咨询、网上就业指导、网上学习咨询、网上校园生活指南等工作，及时解决学生反映的实际问题，加强校内舆论引导，纠正错误信息。网络舆论最理想的方式是引导，应该把晓之以理与动之以情有效地结合起来，使受众不易产生类似警觉、防范等反应，而是不自觉地去接受劝服者的引导。总之，互联网的飞速发展对社会生活的方方面面都产生了深远的影响，网络舆论越来越引起人们的关注，尤其是其对高校的影响日益增强。高校在传统网络舆论监管方式基础上，应加强高校网络舆论监管的总体策略和制定切实可行的具体措施，加强高校网络思想政治教育引导策略的研究。

四、高校网络思想政治教育的安全机制

（一）网络信息监管机制

1.网络信息监管的内容

网络信息监管分为日常监管和突发事件监管。日常监管是指将网络信息监管作为本部门的一项日常工作不间断进行，随时掌握网络舆论的导向、特

点和趋势。如，高校网管和版主的工作就属于日常监管的范畴。突发事件监管则是针对特定的事件，对其网上舆情进行监管。如，网上群体性事件出现时，对其发生、发展、变化和趋势等进行监管。

网络信息监管的内容首先是对网上危害信息的监控，重点是"黑色信息""黄色信息"和"灰色信息"。"黑色信息"和"黄色信息"是指我国法律明确规定的有害信息；"灰色信息"是指那些需要分析判断，介于有害信息与无害信息之间的信息。对于"黑色信息""黄色信息"要第一时间进行过滤、拦截、删除。对于"灰色信息"，能明确判断的，给予锁定或删除，对于一些倾向性不是很明显的转载、报道、讨论，给予密切关注，视情况不同作引导或删除处理，并及时向学校网络信息管理部门汇报。

其次是对网络心理异常的监测。网络心理异常可能是多方面原因造成的，如情感问题、就业压力、学业压力、人际交往压力等。一些心理异常的学生，尤其是性格有些孤僻、内向、有心里话无处倾诉或不愿对别人讲压抑在心中的学生，通常借助网络的虚拟性和隐蔽性倾吐心声，寻求帮助，有的甚至把网络作为自己临终的最后倾诉地点。

最后是对突发与群体性事件的监管。网络突发事件通常由校园事故、重大群体性骚乱、重大政治事件、经济事件等引起，通常具有极强的时间性、震撼性、社会性、负面性和不可预料性，如果处置不当必然会对高校师生和整个社会造成不良影响甚至会引发全国性的舆论危机。加强对突然事件、群体性事件的监管是学校能够及时发现危机，全面掌握危机发展态势，准确分析判断危机形势，采取及时有效应对措施的重要保障，是化解和应对危机的重要前提。

2.网络信息监管机制的构建

第一，建立健全一系列校园网信息监管制度。高校应在认真学习、严格执行网络有关法律法规的同时，从学校的实际出发，结合教育教学特点和大学生自身特点，制定出一整套校园网管理的规章制度。如《学生宿舍网络管理条例》《校园网络 BBS 站管理规则》《学生使用计算机网络违纪处分规定》等。高校还应该切实加强对学生个人网络信息的审查，如个人主页、个人博客、个人 QQ 群等，落实上网实名制和论坛管理责任制等，还要有常规性的校园论坛信息巡查、聊天室有害信息检查等制度。

第二,构建网络信息监管的技术防控体系。如建立和完善信息安全防护软、硬件系统,维护信息安全与系统稳定;加强信息过滤系统,把好网络端口,通过路由器、防火墙封堵过滤各种有害信息;完善网上信息实时监测和跟踪系统,以及时发现情况,及时处理。

第三,构建网络信息监管的人工防控体系。在技术监管的同时,加强人工监管。可由校领导牵头组织,建立一支具有应急处置能力的"网监队伍"。实时监管网络,及时把握动态,消除错误言论,避免真空时段;及时清除恶意信息和虚假信息。

第四,要建立舆情采集、报送机制。通过舆情采编、调查和分析,及时掌握网上动态,做好下情上达,为校领导或相关职能部门及时提供网上第一手信息。可由宣传部负责网络舆情的日常监管与信息采集,定期对网络舆情进行分类整理,分门别类地传递到各职能部门。具体职能部门通过该舆情信息,在第一时间内获知和本部门有关的最新网络舆情,并对这些舆情进行分析判断,决定采用何种方式进行应对。

第五,要做好网上突发事件的防范和应急处置工作。对于网络舆情反映的热点问题,学校坚持"早发现、早处理、早反馈"。加强网络预警意识,敏锐把握涉及学校管理和建设中的突发性、苗头性、群体性问题,及时进行分析和处理,并迅速将处理结果进行反馈。建立舆情的"发现一通报一处置一跟踪一反馈"的热点应对机制。各职能部门则通过网络这面"镜子"检视自己,针对网上学生密切关注的焦点、难点、疑点问题,进行调查并及时给予答复、澄清。一旦发生网络舆情突发事件,学校立即启动"网络突发事件应急处理预案",及时处置突发舆情。

（二）网络预警机制

1.网络预警定义

网络预警是指从危机事件的征兆出现到危机开始造成可感知的损失这段时间内,化解和应对危机所采取的必要、有效行动。网络预警能力的高低,主要体现在能否从每天海量的网络言论中敏锐地发现潜在的危机苗头,以及准确判断这种苗头与危机可能爆发之间的时间差。这个时间差越大,相关职能部门越有充裕的时间来准备,为下一阶段危机的有效应对赢得宝贵的时间。

2.网络预警工作程序

网络预警工作可分为四步：

第一步，构建信息调研网络。调研网络必须具有完整性和广泛性，不仅要有党、政、工、青、妇等组织的参与，还要有大学生自发性社团、民间协会等社会组织的合作；不仅要建立高校、院系等信息收集渠道，还应将网络延伸到班级和寝室等各方面。

第二步，全面收集信息。一是通过制定规定或协约要求所有参与调研的单位定期汇总信息，同时实现信息共享；二是从各种网络论坛、聊天室、留言板等网络互动平台中观察大学生网民的思想情绪变化，从中找出带有倾向性的问题；三是不定期在网上进行大学生网民民意测验，从中了解大学生网民关注的热点问题。

第三步，理性分析信息。必须对收集到的第一手资料进行深入、准确、细致的分析和概括。深入就是要透过表面现象，把握本质，动态掌握。准确就是在广泛观察的同时，把握不确切的信息，克服片面性，保证科学性、公正性。细致是指工作要细致入微，点滴小事也要分析到位，避免因小失大。

第四步，及时向上级领导及有关部门反馈信息。根据反馈的信息，一是对前一段时期以来思想政治教育工作的效果进行检验，看是否达到了预期目的；二是为调整思想政治教育工作的政策和方针做重要参考；三是通过对教育对象思想发展规律性的认识，对未来发展趋势作出科学预测，及早做出正确决策，防患于未然，从而使高校网络思想政治教育工作更具前瞻性。

3.网络预警的基本要求

要明确网络预警的基本要求。第一，网络预警要全面反映民意。干部群众的思想动态，不利于社会安定团结的思潮，专业人士关于社会进步、政治稳定、经济发展等的前瞻性意见等，都是要反映的内容。第二，网络预警要"快、准、深、精、全"。搜集信息要快，反映问题要准，分析要有深度，事例要有代表性，内容要全，既要报喜也要报忧，而且要重视反映其他渠道难以得到、不易反映的社会情况和群众意见。第三，网络预警要促进舆情调查的制度化建设。凡重大决策前，必须进行深入实地的舆情调查。决策后要跟踪调研，根据实施效果的好坏和情况的变化对决策进行完善和调整。重视舆情调研方法的现代化技术建设。第四，要充分利用信息化成果，建立多层次的舆情反映网络。第五，要正确处理必然会出现的某些舆情失真现象。理顺舆情传递的机制与渠道，建立责任追究制度，减少舆情传递的层次。第六，要允许网络传媒充分表达群众意愿、交流社会信息、执行社会监督的功能。

（三）网上舆情分析判断和应急处置机制

1.网上舆情的分析判断

首先，要有很强的政治意识。政治意识解决的是站在什么位置上说话、维护谁的利益问题。分析网上舆情必须要强化政治意识，善于站在政治的高度审视网上舆情的本质。具体地说，要做到以下四点：一要有敏锐的政治洞察力，能够见微知著，把握舆情动向；二要有较高的政治鉴别力，迅速认清舆情的本质；三要有明确的政治立场，网民都是群众，网民的呼吁就是群众的呼吁，分析网上舆情时要充分体现网民的呼声；四要善于运用全面的、联系的、发展的、辩证的观点分析舆情，正视其发展过程中存在的矛盾关系，如主流和支流、顺流和逆流、显流和潜流、长流和变流等。

其次，要了解社会上的各种思潮和各种力量较量形式。网络舆情归根结底是社会思潮和各种社会力量较量的综合反映。网络的开放性、多元化，使以社会主义核心价值观为主流的意识形态有时难以控制网上局面，各种思潮在网上都有很大空间。

再次，要注重角度与层次性。网上舆情是多方面意见的混合体，在网上发表意见的人来自社会各个阶层，分析网上舆情要特别注重从多角度思考问题，特别是层次性。网民收入不同、社会环境不同、文化修养不同、社会阅历不同、所处环境不同，看问题的深度也很不一样，会对同一个事物发表很不相同的意见，有时甚至针锋相对。比如，对成品油价格调整，有车族的共同呼声是希望成品油价格下调，而石油企业员工的呼声则可能正好相反。在希望成品油价格下调的网民中，有些网民受西方新自由主义思潮影响较大，可能会提出打破垄断，建立自由竞争的市场机制，有些网民则对市场化心存疑虑，提出事关国计民生的产品还是由国家经营比较好。分析这样观点迥异的网上舆情时，如果不注意层次性，就很难准确描述清楚。

最后，要了解掌握危机舆情的演变规律。正确研判网络舆情，了解掌握网络舆情的演变规律是先决条件。网络舆论危机是一种高度不确定性、威胁性、特殊性、不可预测性和非常规性的一种舆论，通常由国际、国内的突发事件，如自然灾害、计算机病毒、社会事件：恐怖主义行为以及重大群众性骚乱、重大政治事件、经济事件等所引起，并迅速成为网络上的舆论热点和焦点，加上处理不当而加快通过网络蔓延开来，成为地方性甚至全国性的舆论危机。网络舆论的酝酿、形成非常迅速，但网络舆论到网络舆论危机的转化通常有一个酝酿、发展、演变的过程。一场网络舆论危机的形成、发展通常经过三个阶段：第一阶段是"网络舆论形成"。由于外界信息刺激的出现，或者突发事件的发生，在网上迅速形成舆论热点。第二阶段是，，网络舆论到网络舆论危机的转变"。如果网络舆论持续增大，而当事人处理不当或网络舆论得不到缓解，而使舆论出现"一边倒"，形成"共同的""一致性的"负面舆论，最终由一个普通的网络舆论演变成为一场网络舆论危机。第三阶段是"网络舆论危机的爆发"。网络舆论由隐性的舆论压力转变成为真实生活中行为抗争的显性行为，甚至造成危机性事件，威胁社会稳定，阻碍社会发展。

2. 网络舆情的应急处置机制

（1）网络舆情应急处置的基本要求

首先，制定一套行之有效的"舆情发现—舆情通报—部门处置—跟踪反馈"的热点应对机制，使学校能及时敏锐地把握涉及学校管理和建设中的突发性、苗头性、群体性问题，通过舆情的采集与通报，使相关职能部门做到"早发现、早处理、早反馈"，针对网上师生密切关注的焦点、难点、疑点问题，进行调查并及时给予答复、澄清。

其次，制定网络突发舆情工作预案。针对各种类型的危机事件，制定比较详尽的判断标准和预警方案，做到有所准备，一旦危机出现便有章可循，对症下药。

再次，保持信息公开和信息的权威发布。权威信息的缺失会给小道消息传播提供契机。因此，当网上出现危机舆情时，要最大限度地公开信息，并通过职能部门对事件的最新发展进行权威发布，影响网络舆情的走向。如通过新闻发言人制度，既可以以此向公众传递权威信息，又将信息内容归口到"新闻发言人"这一权威信息源，从而使政府部门或学校在处理舆情危机时，掌握主动，稳定人心。

最后，建立有效的应急处置联动机制。遇到重大突发事件，能够在短时间内调动和整合各种力量，形成联动，产生危机应对的合力。这对于提高处理违规网站的时效，及时应对突发热点能起到十分关键的作用。

（2）网络舆情应急处置的基本原则

一是权责明确、依法处理原则。在处理网上舆论危机事件过程中，必须在坚持统一指挥的基础上，做到分工负责，责任到人。同时，必须遵循国家有关法律法规，做到有效合法地建立网络舆论危机处理的程序和步骤，形成科学的危机处理机制。

二是实事求是、勇于承担原则。面对突发事件所引发的网络舆论危机，当事部门及成员要了解事实情况，实事求是，勇于承担自己该负的责任，"亡羊补牢，为时未晚"，不能企图逃避和推卸，否则不仅于事无补而且会激化矛盾。

三是控制事态、及时处理原则。及时处理是有效解决危机的关键。面对舆情突发事件，要第一时间介入，迅速进行应对，立即启动相关的突发事件处理预案，明确指导思想，确定相关部门的工作职责和必要的处理方法，通过突发事件处理领导小组进行统筹协调，控制事态进一步发展。

四是以人为本、关心弱者原则。危机事件多数情况下关系到当事双方的切身利益，很可能给弱势的一方带来巨大的经济损失和精神上的打击。面对这种情况，作为管理者应真诚坦率、开诚布公地向公众说明事情真相，同时无论责任如何都应表现出足够的人道与同情，这是化解舆论危机、处理突发事件、缓解网民焦虑的最有效方法之一。

第四节 高校网络思政教育教学模式外在支撑

一、国家权力机关的应对法则

（一）法制建设

法的指引、评价、教育、预测作用直接表现了国家权力的行使。包括中国在内的世界绝大多数国家都在利用这一方式来进行保障和约束，对于网络也是一样，各国纷纷采取各种法的形式以保障大学生健康地利用网络，有益地接受教育。

（二）游戏产业建设

中国研制出具有中国内涵的网络游戏，是在积极吸取国外游戏精华的基础上，将中国的文化渗透到其中去的。这就为商业运行的把持者—企业，与文化底蕴的拥有者—高校的合作提供了广阔的空间。因为企业懂得市场需要什么样的产品和如何运作，而高校懂得如何把正确的理念和思想融入游戏中去。这样的"企校合璧"无疑会给中国的游戏产业带来一缕朝阳般的明亮。所以，相关政府部门要把人才聚集的高校和有开发经验、资本雄厚的企业有机地联合起来，鼓励商业资本和高校合作，研发推广有益的游戏软件，提升我们游戏产业的中国文化内涵。同时，政府部门要在这种牵线、搭桥中出台相关的法律法规，给予企业和高校合作开发游戏软件的合作以最大保护和支持。

二、网站建设

（一）互联网行业的应对法则

"少干预、重自律"是当前国际互联网管理的一个共同思路。各国越来越强调政府作为服务者的角色，承认政府管理的"有限性"，着重发挥政府的服务和协调职能。在对互联网的监管方式问题上，这一管理原则也得到了较为充分的贯彻，当前各国的监管的一个重要特点就是以行业监管为主，政府强制为辅，实行政府与行业的协同监管。政府的职责主要集中在制定相关法规和政策导向上，具体的操作规范则由行业协会等组织来制定实施，比较而言，政府监管具有补充性。以行业为主的协同监管，具有较强的可操作性，同时还可以减少政府对行业的干预，减少管理成本。

互联网行业是指从事互联网运行服务、应用服务、信息服务、网络产品服务和网络信息资源的开发、生产及其他与互联网有关的科研、教育、服务等活动的行业的总称。公约规定，互联网行业自律的基本原则是爱国、守法、公平、诚信。

（二）法律保障

行业自律需要法律法规做基础，没有这些做基础，互联网健康发展是苍白的。作为一个法治国家最后一道防线是刑法，如果没有，那么一切都显得脆弱了。目前多数发达国家及一部分发展中国家已开始了《网络法》的制定和完善，它已成为国际法的一个重点。中国互联网的问题靠行规是不够的，应当把行规上升到法律高度。

（三）积极参与

互联网自律工作讲的是"无本之木"。这其中，要有中央精神文明建设办、信息产业部、国务院新闻办等许多政府部门的大力支持，同时也要有新华社、中央电视台等媒体的大力支持，还要有行业协会、行业人员的自觉参与。并培养核心竞争能力。目前，互联网界竞争异常的激烈，企业为了生存往往与对手展开生死的较量，就像新浪、搜狐有关新闻版权的争论如今已上升到决一死活的境地，这种互相攻击的做法对于互联网的健康发展丝毫起不了什么帮助。企业行为要遵从经济规律，站稳脚跟需要企业不断地充实、完善、提高自我生存发展的能力。只有与社会需求相对称的核心实力，健康持续的发展才有可能。

另外，还要引导从业人员自觉遵守国家的法规，讲求职业道德和社会公德，扩大舆论监督，抵制滥用网络的行为。要普及网络知识，倡导网络诚信，推广安全基础，善待互联网。受理社会各界对有限网络信息，网络欺诈，网络赌博，网络侵权等违反国家法律、违反社会公德的投诉和举报。

（四）技术支撑

互联网在一开始出现的时候是开放的，是由一个信息获取、信息互换、信息发布组成的方便快捷的庞大信息传播平台，其在给人们生活带来便利的同时，也容易充斥一些不健康的内容；既可以用传播先进的文化和观念，也可以用来散布种种文化垃圾；既可以为人们思想观念的丰富发展提供新的广阔天地，又为许多负面信息的传播打开方便之门。互联网这样一个网络结构没有总编，人人都是信息的获取者、传播者，这样一来对它的管理、治理就需要公众的参与，决不能用传统的办法来解决。

第十章 高校思政教育的翻转课堂教学方法

第一节 翻转课堂的内涵和特点

一、翻转课堂的内涵

现阶段学术领域关于翻转课堂的概念尚未达成一致意见。在美国科罗拉多州举行的翻转课堂大会中，乔纳森·伯格曼同广大参会者一起对翻转课堂进行了概念界定。他们认为，翻转课堂通过创造一种环境使师生之间的互动更加广泛，接触更加深入；其营造了一种个性化的教学环境，这种环境中的学生的个性化教育需求能够得到有效满足，要求学生对自己的学习负责，提升学生课堂学习的积极性，改变传统的教师主宰课堂的状况，让学生回归为学习的主体。它是一种混合了直接讲解与建构主义学习的教学模式。该定义在此次大会上揭开了翻转课堂教学模式的面纱，对翻转课堂做出了实质性的探讨。

一般来说，学生的学习过程总体分为两个阶段：第一是知识传递的过程；第二是吸收和消化的过程，即知识内化的过程。这两个过程尽管无法严格区分，但总体而言，应是以知识传授、知识感知为主的过程在先，知识内化、知识深层次理解的过程在后。与传统课堂相比较而言，翻转课堂最重要的一个改变就是先知识感知后课堂讲授。

现阶段学术界对翻转课堂内涵的界定总体来说包含课前学生通过观看教学视频自主学习，也就是提前预习知识点；中间课堂教学环节是学生带着问题和老师、同学一起交流；课下和学习小组一起温习知识点。这三部分简单构成了翻转课堂。

二、翻转课堂的特点

（一）教学信息明确，教学视频精短

教学信息清晰明确是翻转课堂的显著特征，抓住一个知识点备课，学生便能够抓住学习重点。将一个具体问题通过单独的视频呈现出来，有较强的针对性，方便学生查找。翻转课堂的教学视频短小而精悍，一般情况下，视频的时长会控制在几分钟到十几分钟，这段时间也是学生注意力集中的最长时间，与学生的身心发展特征相适应。抓住学生注意力集中的时段，网络中的视频还可以实现暂停、回放等多种功能，学生可以基于自身学习需要有效运用和控制，促进学生自主学习能力的提升。

（二）学习流程重构，主张先学后教

教学流程的反转是翻转课堂相对于传统教学模式而言最大的突破。对原有的学生的学习过程进行重构，即在课前完成知识的传递，学生可以通过观看视频，同教师进行在线交流，教师在课前就对学生掌握知识的弱项进行充分了解，能够有效利用课堂时间进行有针对性的辅导，在课堂教学中，学生通过生生之间、师生之间的广泛交流加强了知识的吸收与内化。

（三）顺生角色重新定位，学生回归为学习主体

师生角色的重新定位是翻转课堂的显著特点之一，学生回归为学习的主体，突出学生的中心地位，教师则发挥引导作用。这种状况并非弱化教师的作用，在翻转课堂中，教师的作用极其关键，作用也更加重要，教师是学生学习的有力指导者。

（四）教学手段先进，依靠信息技术支持

学生在课外的学习需要借助于先进的互联网信息技术支持，否则就难以得到教师的帮助，影响学习效果。无论是教学课件还是教学视频，都需要信息技术的支持才能有效地传递给学生。而对于学生课前学习效果的检测，则更需要信息技术的支持。大数据评价技术的跟进，使得学生学习的相关环节能够得到实证性的资料，有利于教师真正了解学生。这也就对教师提出了更高的要求，要不断学习信息知识，提高实际操作能力。

第二节 翻转课堂的理论基础

一、掌握学习理论

转课堂教学的最大优势之一，是在知识传授阶段，让学生可以自己掌控学习，利用教学视频，学生能根据自身情况来安排和控制自己的学习。学生课外学习的节奏全由自己掌握，可以在课外轻松的氛围中进行，甚至还可以通过聊天软件向教师和同伴寻求帮助。因此，翻转课堂的两位创始人乔纳森·伯格曼和亚伦·萨姆斯认为，翻转课堂的理论依据是掌握学习理论。

掌握学习理论是美国当代著名的教育心理学家和课程论专家布鲁姆提出的学校课堂学习理论，集中反映了布鲁姆基本的教育思想和理论观点。掌握学习理论被介绍到世界各国，产生了广泛的影响，布鲁姆因此而享誉世界。

布鲁姆经过长期研究得出结论：95%以上的学生在学习能力、学习效率、学习动机等方面并无大的差异（除了百分之一二的超常儿童，即所谓的天才儿童和百分之二三的低常儿童），即95%以上的学生只要给予足够的时间和适当的教学，大部分学生对大部分内容都可以达到掌握的程度（通常能达到完成80%—90%的评价项目）。学生学习能力的差异不能决定他能否学习要学的内容和学习的好坏，而只能决定他将要花多少时间才能达到对该内容的掌握程度。也就是说，每一位学生掌握同样的教学内容所需要花费的时间是不一样的，学习能力强的学习者可以在较短的时间内达到对该内容的掌握水平，而学习能力差的学习者则要花较长的时间才能达到同样的掌握程度。因此，掌握学习理论不仅是翻转课堂教学的理论依据，而且对翻转课堂实践具有特别重要的意义。教师应该创造条件，允许每一位学生根据自己的步骤、节奏学习，掌控自己的时间，最终实现所有学生的个性化发展。

二、建构主义学习理论

瑞士哲学家、心理学家让·皮亚杰是最早提出建构主义的研究者。他基于认识的发生和发展对儿童心理进行了系统研究，得出结果表明，儿童是在与周围环境的相互作用中渐渐建构关于外部世界的认知，从而改变原有的认知结构，并与外部环境经过同化、顺应两个过程达到平衡。"同化"是指学习者将外部信息归入自己已有的认知结构;"顺应"是指改变自己的认知结构。皮亚杰认为,儿童的认知结构就是通过同化与顺应的"平衡—不平衡—平衡"的循环得到丰富和发展。

建构主义理论在知识观上认为,知识不是一成不变的,知识是不断变化发展的,它具有动态性和生成性的特点。它是由认知主体在已有认知的基础之上,通过新旧经验互动积极建构的结果。强调知识的社会本质,知识是个人和社会情境间联系的属性,是互动的产物,具有复杂性。简言之,知识是一个不断认知、体验和建构的过程。

建构主义理论在学习观上认为,知识的获得是学习者主动建构的,而不是由教师或他人传授的;强调学习者作为学习的承担者,能够承担起学习的责任,能够对学习活动进行积极的自我管理和调节。学习不是脱离活动情境而抽象地存在,而是需要通过对某种社会文化的参与,在社会实践活动中内化相关的知识和技能。这一过程的达成需要通过建立一个学习共同体,借助共同体成员之间的合作互动来完成。

建构主义理论在教学观上认为,教师不应该无视学生已有的知识经验而盲目开展教学过程。在课堂教学中,教师应该充分发挥学生的积极性与主动性,以学生自己的主动的、互动的方式学习新知识。教师在教学过程中的主要任务是为学生创设理想的学习情境,为学生提供丰富的学习资源、处理信息的工具以及适当的帮助和支持。

翻转课堂充分体现了建构主义的思想理念。在课前,学生自主完成知识传授环节,自定步调进行学习和知识建构。学生以教师提供的优质学习资料为素材,根据自己已有的经验进行新内容的学习。在课堂上,教师以开展丰富的学习互动为主,对学生提供个性化的启发指导,帮助学生解答疑难等都体现出教师积极地帮助学生主动构建自己的认知结构,理解、应用、内化知识。翻转课堂通过网络学习平台为师生及生生创造交流、互动、合作的机会,体现建构主义理论中的学习共同体的思想。

三、自组织学习理论

翻转课堂得以展开的一个重要理论假设和前提是承认学生可以不依靠教师灌输,而是依靠计算机技术和网络技术的支持,通过自我教育和互助教育,学习任何东西。这个理论假设就是自组织学习理论。

自组织学习理论是印度教育家苏加特·米特拉通过著名的"墙中洞"教育实验而总结得到的教育和学习理论。苏加特·米特拉在印度山区的偏远小村，放置"墙上的电脑"并装上摄像头对孩子学习行为进行监控，发现学生的"学习是一种自组织行为"，借助计算机和网络技术的支持，任何学生都可以教会自己和同伴知识和技能，从而进一步推进了建构主义的学习理论和实践；机器和技术不仅能替代教师的部分作用，而且在某些方面会比教师做得更好；学习的最大乐趣和动力是可以教会其他人学习。

随着互联网技术的发展和教育资源的开放，人类的学习必然由"他组织"向"自组织"发展。自组织学习将成为人类的主要学习方式。翻转课堂本质上就是一种教育技术支持的自组织学习，借助教学视频的支持，学生可以自己组成学习小组，不仅可以完成对知识的个性化学习，甚至还可以通过协作探究、展示交流、意义建构，完成自己对知识的拓展和创新，发展批判性思维和创造能力。

四、人本主义学习理论

人本主义由美国心理学家马斯洛，卡尔·罗杰斯在19世纪五六十年代提出和倡导。人本主义的学习理论从全人教育的视角阐释了学习者整个人的成长历程，以发展人性；注重启发学习者的经验和创造潜能，引导其结合认知和经验，肯定自我，进而实现自我。

人本主义学习理论认为教育应以学生需要的满足为根本出发点，以激发人的潜能和个人意义的自我实现为教育的终极目的，强调知情统一的教学目标观、以学生为中心的自由学习观，重视情感、人际关系在教学活动中的地位和作用，教师课堂活动的关注点由教师的"教"转移到学生的"学"，教师的任务是为学生提供各种学习资源，建立一种开放、真诚、平等、促进学习的良好教学环境，激发学生潜能，让学生自由学习。教师在教学过程中充当学生学习的指导者、促进者的角色。教师应该将教学的重心由学科知识转向学生，将学生的自信、自我意识、价值澄清、创造性作为教学所关注的目标，让学习者从自己的角度感知世界，发展出对世界的理解，达到自我实现的最高境界。

翻转课堂所提倡的师生、生生积极互动、交流的思想源自人本主义学习理论。从课外的自主学习到课内的学习、教学活动都要依靠师生、生生间的互动、交流来完成，通过便捷的互联网交流学习平台，学生有充分的机会发表自己的观点，与教师或同学交流思想，使得教师更容易了解学生的心声，学生更容易体会教师教学的意图。

在翻转课堂教学中，学生课前自主地准备学习活动、课内自由发言互动、与同学互助协作等都能营造出民主开放的学习气氛，这种民主开放的学习气氛更容易激发学习者的学习潜能，达成人本主义学习理论提倡激发潜能、自我实现的目标。此外，翻转课堂教学通过利用互联网学习平台，充分尊重不同学生的能力差异以及学习程度，提供有针对性的个别化指导，学生可依据自己的学习节奏自由学习等都体现出人本主义尊重学生差异性的人性化思想。

五、最近发展区学习理论

最近发展区学习理论是由苏联教育家维果茨基提出来的。维果茨基的研究表明：教育对儿童的发展能起到主导作用和促进作用，但需要确定儿童发展的两种水平：一种是已经达到的发展水平；另一种是可能达到的发展水平。这两种水平之间的距离，就是"最近发展区"。把握"最近发展区"，能加速学生的发展。最近发展区是社会文化理论的核心概念之一，它阐明了个体心理发展的社会起源，突出了教学的作用，教学应走在发展的前面；彰显了教师的主导地位，教师是学生心理发展的促进者。

最近发展区学习理论是翻转课堂教学设计的依据之一。在课前，教师通过发布视频、课程资料等方式，对基本简单的知识进行讲解；课堂教学的重点落在深化、扩展与创新上。深化、扩展与创新的程度是在学生自主学习掌握基础知识之上的最近发展区内—如果太难，学生望而生畏，丧失信心；如果太容易，学生则失去探究的兴趣。

第三节 翻转课堂在高校思政课中的应用

一、当前高校思政课的教学困境

（一）部分教师在教学认知与教学实践上存在问题

思政课是高校落实立德树人的关键课程，思政课教师是上好课程的关键。思政课教师课堂教学的好坏会直接影响教学效果，从而影响大学生价值观的塑造和思想道德的培养等。思政课具有较强的拓展性和开放性，要求任课教师要及时跟进国家的时政热点，学习党的最新理论成果，拓展教学内容，运用合适的教学手段，调整教学方法，从而提升教学效果。

然而，从教学认知方面看，有些教师错误地认为思政课所进行的思想理论教育多是宣传或者认为思政课仅仅是理论知识的传授；有些教师拥有的知识老化，知识结构出现断层，理论功底不扎实，理论与实际相结合的能力欠缺；有些教师在教学理念上因循守旧，缺乏创新理念，不注重对学生思想政治、道德素质及能力的培养。

从教学实践方面看，大多数高校的思政课堂还是延续着以传统的单向灌输为主的教育方式，师生之间的互动极少。在大班化教学背景下，灌输式教学似乎成为最有"效率"的教学方式。随着信息技术、多媒体技术在教学上的普及，许多教师为提高教学效率，在课堂中大都采用多媒体辅助教学，教学课件被用来配合教师完成教学任务，帮助学生理解知识，然而这也导致部分教师完全依赖教学课件，课堂讲解被复述课件内容所取代，教师的主导作用没有充分发挥，"人灌"教学演变为"电灌"。由于思政课的理论性和政治性较强，课程内容比较枯燥，采用传统灌输式教学方法和单一的课堂教学非常容易引起学生的反感，使思政课教学缺乏吸引力。

（二）部分学生对思政课缺乏学习兴趣，学习动力不足

从教师的教学客观影响方面看，首先，由于部分思政课教师在教学模式方面的创新性不足，难以调动学生对于思政课程学习的积极性，连续长时间的理论灌输式教学使课程极度缺乏吸引力，无法调动学生在课堂上的学习主动性，导致学生在思政课的学习上严重缺乏兴趣。其次，由于教学内容与社会现实存在差距，课堂上所讲的理论知识脱离生活、脱离实际，难以进行理论联系实践的思考，使学生的学习处于非常被动的状态。最后，对于思政课程中的主体内容与基本结论，学生从识字开始就日积月累，自认为早已烂熟于心；课程的文本释义与核心概念，学生从上学开始也都耳濡目染，自认为足以无师自通；在学习中，他们往往以记忆过程代替思维过程，自认为课程内容没有挑战度，没有新意。

从学生的学习主观动机方面看，部分学生认为在高校的学习就是为了将来在择业中占有优势，他们更重视专业课程的学习，认为思政课的学习对他

们将来的就业与生活没有明显的帮助，甚至偏激地认为思政课就是简单的说教。还有相当一部分学生学习思政课的目的狭隘，或是为了应付课程考试获得学分，或是为了将来考研的需要，并没有意识到高校思政课所蕴藏的丰富人文知识素养是一个人走向成功的必备素质。因此，缺乏学习兴趣，不仅出现了屡禁不止的学生逃课行为，还出现了不容忽视的隐性逃课现象。

二、翻转课堂应用于高校思政课的意义

（一）教学过程由封团性转变方开放化

在传统的思政课堂模式中，教学过程是在"教师—教材—学生—教室"的闭合型教学结构系统中进行的，教师依照既定教学方案和教学材料在固定教学场所中组织教学。课堂上，教师唱主角，学生缺乏话语权，互动较少；课后，师生间、生生间很少交流、探讨思政课程的学习内容。因此，传统思政课无论是在教学过程中还是在教学内容上都具有封闭性。

而翻转课堂突破了时空的束缚和限制，使思政课的教学不再局限于固定的时空，具有高度的灵活性和便捷性。学生能够自由选取时段自主地进行学习。通过赋予学生自主学习的权利，借助互联网、新媒体，生动丰富的理论知识和实践经验能快速、有效地进入学生学习的视野，从而弥补、突破教学内容的局限性与教材的滞后性；通过赋予师生共同的话语实践，师生间、生生间的互动交流打破了传统思政课堂既定的教学设计边界，构建起民主、合作、共赢的开放式的思政课教学模式。

（二）教学形式由单一性转变为多元化

习近平总书记在学校思想政治理论课教师座谈会上的重要讲话中强调，要着力推进推动思政课改革创新，深刻把握"八个相统一"（即坚持政治性和学理性相统一、价值性和知识性相统一、建设性和批判性相统一、理论性和实践性相统一、统一性和多样性相统一、主导性和主体性相统一、灌输性和启发性相统一、显性教育和隐性教育相统一），创新方式方法，浇花浇根，育人育心。这就意味着如果新时代的思政课因循守旧，缺乏亲和力与针对性，就很难取得实效，不能满足学生成长发展的需求和期待，必须改进老办法、探索新办法，不断增强思政课的针对性、时代感和吸引力，才能使思政课润物无声地给学生以人生启迪、智慧光芒、精神力量。

传统的高校思政课采用最多的是讲授法，而让学生自己发现问题，然后

自主地进行问题探究、深度讨论的较少。在翻转课堂教学模式中，课前让学生观看教学视频、了解教学内容与教学案例，然后在课堂上采用问题探究、专题讨论、小组辩论等多样化教学法，课下教师与学生密切沟通交流，营造出一种良好的互动学习气氛，构建师生学习共同体。

翻转课堂还注重开展实践教学，主张内外课堂的融合。思政课的实践教学既是学生互助协作完成学习任务的重要途径，也是实现思政课由理论知识向行为习惯、情感态度价值观养成转变的重要渠道。因此，在翻转课堂建设过程中，课内理论学习与课外实践探索相辅相成、优势互补，使得高校思政课的教学方式更加丰富多元。

（三）教师由知识传授转变力思想引领

传统的高校思政课教学，教师往往以完成理论知识传授为目的，忽视理论知识的内化、思想引领这一最终目标。教师主要通过课堂向学生传授知识，内化则依靠学生通过课后思考、作业、实践等环节完成。而实际上，由于理论的抽象性、枯燥性以及受教育者的惰性、功利性等因素，大部分学生没有很好地完成理论知识的内化，要么学过就忘记，要么难以联系实际运用理论。应该看到，这样的教学只是勉强完成了"教书"的任务，"育人"的目标难以实现。

作为社会主义国家对大学生进行意识形态教育主渠道的高校思政课，区别于其他课程，它的特殊性主要体现在具有鲜明的政治性与思想性。因此，高校思政课的理论知识讲授仅具有"工具性"价值，最高价值是要达成大学生精神成人的目的，培养具有坚定的马克思主义信仰和优秀思想道德品质的中国特色社会主义事业的建设者和接班人。

在翻转课堂中，教师的角色定位从传统课堂中的知识传授者和课堂管理者转变为学习的指导者、促进者。一方面，教师通过在互联网上收集丰富的教学资源，将其制作成一定的微课、教学视频，并采取有效措施予以解决，从而极大地激发学生的学习兴趣，促进课堂效率显著提升；另一方面，学生通过观看、学习教师事先准备好的各种教学资源，实现对知识的积极主动建构。教师在课堂上将不再从头至尾地以传授知识为主，而是通过课内外积极启发学生思考与介入讨论，在互动交流中师生、生生发生思想碰撞，从而引领青年大学生坚定理想信念、追求思想进步。

（四）学生由被动灌输转变为主动探究

反思当前高校思政课实效性不强的原因，其中一个关键因素是学生的主体作用发挥不足，致使在教学中学生的学习兴趣缺乏、参与度不够、抵触心理增强。思政课教师若以居高临下的教育者姿态出现，课内外缺乏师生之间思想与情感的互动交流，这种忽视教育对象的单向度教学方式注定是不受当下大学生欢迎的，也达不到好的教学效果。而高校思政课引入"翻转课堂"，必将极大地激发学生的学习潜能与求知欲望。

互联网时代的"95后""00后"大学生，他们喜欢新鲜事物，思想活跃、个性张扬，爱表现、重参与。"翻转课堂"恰好与他们的这些个性特点相契合，思政课堂不再是学生被动地接受知识和理论的场所，而是师生相互学习探讨、互动交流的平台。学生对思政课学习的内容、时间、场所有自主的选择权；学生在线下课堂内、线上讨论区能够各抒己见，充分表达个人的思想观点，与老师和同学平等交流、合作互助。传统的"满堂灌"的思政课堂变成了师生共同探究与汲取马克思主义理论的论坛，学生的求知欲、探索欲、表达欲、创新欲被充分调动了起来。

翻转课堂运用互联网加强了大学生的思想政治教育，以网络为依托的教育形式体现了教育的平等化，拉近了教育主客体之间的距离，促进了大学生主体意识的觉醒与创建，增强其独立思考与解决问题的能力。学习马克思主义理论对培养人的思维能力非常有益，但传统教学一般只能达到知识传递的层面，而学生的高级思维能力难以发展。翻转课堂的介入使思政课堂更灵动、更有趣，学生不是被动地接受而是主动地思考。课后线上的自学、讨论更是理论课堂的延伸，延伸至学生的日常生活、思想深处，使学习更扎实，其钻研精神、合作精神也得以提升。

同时，网络可以为大学生提供展示自我、发挥特长、相互交流的平台。在这个虚拟空间里，大学生可以通过自己擅长或感兴趣的各种形式发挥自身的优势，通过自行发布讨论帖或者积极参与网络实践活动充分展现自我、自由发展，有助于激发大学生的创造能力，开发他们的内在潜能，实现全面发展。

在传统的思政课教学中，由于学科内容多，且存在一定难度，往往都是教师在讲台上一味地寻求知识架构的全面性，师生互动相对较少，学生反馈少，学生缺乏获取思政知识的积极性和自觉能动性。而翻转课堂采用了现代网络技术，网络以其信息量大、及时发布等优势，为高校的思想政治教学工作增添了一抹亮色，网络上生动活泼的思想信息内容都是思想政治教育的宝贵资源，极大地激发了大学生的学习兴趣，有助于开发他们的学习潜力。学生不再是知识的被动接受者，大学生在教育者的指导下主动地投入到思想政治的学习中来，积极地将理论与实践相结合进行思考、探索，不仅提高了自身的思想理论知识，也为专业知识的学习奠定了积极健康的思想基础，促进了大学生的全面发展。

三、翻转课堂应用于高校思政课的阻抗因素

（一）翻转课堂实现的主观阻抗因素

我国教育界由于长期以来盛行传统教学模式，不论是教师还是学生都已经习惯于教师在课上讲、学生在课上听的教学模式。对于教师而言，"满堂灌"的教学模式短期可见效，极具功利性。该传统教学模式产生于工业时代，由于工业时代对人才的急迫而大量的需求，大班集体授课，教师课堂灌输，学生速成，满足了这一时代的要求。进入信息化时代，传统教学模式培养出的工业型人才虽已不能满足新时代的要求，但是在转型初期的应试教育、追求分数、批量化的风气依然未减，使教师不敢去尝试新的教学方式。还有些教师习惯于主宰课堂、善于演讲、主角意识浓厚，忽视学生的主体地位，他们对传统的教学程序、教学方式得心应手，加上久而久之形成的惯性，也不愿意花时间、花力气去进行教学创新。

从教师方面分析翻转课堂推广的阻抗因素还在于科研任务的压力，其使得许多教师重科研、轻教学。一方面，由于思政课师资短缺，开展教学工作时间紧、任务重、内容多，极大地消耗了思政课教师的精力，导致教师不能及时更新教学方法，提高教学效果；另一方面，从职称评定的指标看，我国绝大多数高校还是唯科研论文论，教学效果怎么样、投入教学改革的精力有多少几乎与职称晋升没有太大关系。实施翻转课堂的教师要比传统教学型的教师多付出几倍的精力，这让一般的教师望而生畏，难以有积极性投身教学改革。对于思政课教师来说，又不同于专业课教师，从事着大量公共课的教学，本身备课任务、教学任务就很重，没有高度的责任心和教学热情更是难以接受翻转课堂的教学模式。

因此，如果学校不能为教师营造一个"教学即科研"或者"科教并重"

甚至"教学为首"的氛围，不仅翻转课堂教学模式无法在高校顺利应用推广，高校的其他教学改革也将难以彻底进行。

2. 学生被动接受成习惯，自主学习能力薄弱

在传统教学模式下，中国学生从小便养成了被动接受各种知识、观点的习惯。在讲究标准化答案、唯一性答案的中国教育体系里，学生的批判性思维、独立思考能力都非常薄弱。然而，为实现翻转课堂，却需要将知识传授的过程放在课前，借助信息技术的支持实现知识呈现方式以及时间、空间的创新，前提条件是学生具备自主学习能力、意识和习惯。

有的学生甚至不愿意进行自定步调的学习，不愿意在课堂上发言、提问，不愿意改变只要"人在课堂"就可以的状态。教师也认为学生的自学能力不能很好地保持，无法均衡地完成课前任务。这或许就是创新教学模式未能得以推广实施的关键因素。

而在美国的学校教育文化中，课外进行大量阅读，带着观点和问题进课堂参与互动交流，是一种常态化的活动。如果学生在课前没有进行阅读，到了课堂就没有参与讨论的"资格"，课前的阅读和思考是一种自觉行为。因此，其翻转课堂的实施也就理成章，较为顺利。因此，中国高校实施翻转课堂，需要给予学生更多的指导和训练。教师可设计自主学习任务单，督促、帮助学生来完成自主学习的任务。

（二）翻转课堂实施的客观阻抗因素

1. 翻转课堂实施的复杂性较高

有研究表明，大多数教师认为翻转课堂教学模式复杂性较高，不容易实施。"需要升级技术设备""需要提高技术水平""微课录制过程较难""需要高水平的教学设计能力"等成为困扰教师决心翻转教学的难题。思政课教师基本上是文科出身，信息技术应用方面是弱项，需要花时间去学习掌握相关技术、参加相关培训，不断提高信息技术的应用能力。

2. 高校教学信息化发展相对滞后

一些高校对于教学信息化的建设较为薄弱，不能满足教师进行教学创新的需要。目前我国相当一部分高校确实一直致力于提高其硬件设施的信息化基础建设，而针对高校教学的信息化软建设方面的推进不够。大多数高校的教育管理者和相当一部分教师对信息化的认识仅仅停留在较低层次，因此目

前信息技术与课程的整合直至融合还都停留在表层。高校应将信息化与教学质量的管理、教学内容的设计、教学资源的建设与分享等进行融合，加强对高校教师的信息化培训，让耗费巨资的硬件设备发挥其应有的作用。

3.高校授课人数众多及学科适应性

目前我国大学课堂人数一般在 40—100 人，二三十个人的大学课堂很少见。在这样的多人数班级中实施翻转课堂教学难度较大。学生是否真的完成了课前对知识的初步学习，一节课的时间如何有效地组织学生参与教学活动，怎样实现翻转课堂提出的个性化指导？这些都是在我国高校中实施翻转课堂面临的需要解决的问题。

而高校学科内容的专业性，也让学科适用性成为一个阻碍因素。通过查阅相关文献不难发现，目前国内外对于翻转课堂的教学实践多集中于理工科类，这与其学科知识的特征有关：理工科类的课程内容、知识点明确，通过一个实验、公式甚至一道例题就能使学习者理解明白。而社科类的课程内容，看似简单却涉及多门学科，并且多涉及思想、情感等精神层面的理解与学习，不是一个实验、公式或一道例题就能够理解认同的。因此，在社科领域尤其是思政课如何实施翻转课堂还应遵循其学科特点开展探索研究。

四、翻转课堂应用于高校思政课的路径保障

（一）教师是推进思政课翻转课堂的关键因素

1.加强思政课教师的政治担当

政治素质过硬、业务能力精湛、育人水平高超的教师团队是办好思政课不可或缺的根基。思政课教师团队的锻造需要始终围绕习近平总书记提出的六个要求：第一，政治要强，让有信仰的人讲信仰，善于从政治上看问题，在大是大非面前保持政治清醒。第二，情怀要深，保持家国情怀，心里装着国家和民族，在党和人民的伟大实践中关注时代、关注社会，汲取养分、丰富思想。第三，思维要新，学会辩证唯物主义和历史唯物主义，创新课堂教学，给学生深刻的学习体验，引导学生树立正确的理想信念、学会正确的思维方法。第四，视野要广，有知识视野、国际视野、历史视野，通过生动、深入、具体的纵横比较，把一些道理讲明白、讲清楚。第五，自律要严，做到课上课下一致、网上网下一致，自觉弘扬主旋律，积极传递正能量。第六，人格要正，有人格，才有吸引力。亲其师，才能信其道。要有堂堂正正的人格，用高尚的人格感染学生、赢得学生，用真理的力量感召学生，以深厚的理论功底赢得学生，自觉做为学为人的表率，做让学生喜爱的人。

增强思政课教师的光荣感和责任感，要有一定的政治敏锐性，在大是大非面前始终保持正确、清醒的政治立场，做到真学、真懂、真信、真用马克思主义。作为参与翻转课堂建设的思政课教师要积极探寻和研究习近平新时代中国特色社会主义理论，要关注时事政治，传递党的声音，在线上线下教学中对学生理想信念、世界观、人生观、价值观起到积极正确的引导作用，以一个坚定的马克思主义者的身份去培养优秀的学生。

2.加强思政课教师的师德师风建设

2019年2月，中共中央、国务院印发的《中国教育现代化2035》中将建设高素质专业化创新型教师队伍作为面向教育现代化的十大战略任务之一，旨在"大力加强师德师风建设，将师德师风作为评价教师素质的第一标准，推动师德建设长效化、制度化"。思政课是高校落实立德树人的关键课程，思政课教师作为上好课程的关键所在，更应该牢记立德树人的崇高使命，着力提高自身修养，争先做到以德施教、以德立身和以德立学，从而引导学生系好人生第一粒扣子。

因此，在思政课建设中，必须要加强师德师风建设。要提高思政课教师的思想认识，始终把思想政治素质和职业道德水平放到教书育人的首要位置；要用党的最新理论成果武装头脑，努力钻研，坚守岗位，把党的要求和期望贯穿教书育人的全过程。学校需要完善评价考核体系，致力于严把师德关，实施师德师风"一票否决"制度，坚决淘汰无责任心、无道德感的"水课"教师。

有了一批师德高尚、爱岗敬业、乐于奉献、淡泊名利，关注思政课教学质量提高、关注学生成长成才的思政课教师队伍，就有了思政课教学改革创新的持续力量，就有了思政课翻转课堂建设成功的可能性和必然性。

3.提高思政课教师的专业素养水平

翻转课堂利用现代信息技术的优势减轻了教师在理论知识传授方面的教学任务，但是这并不意味着教师在课堂上的责任和作用减小。相反，翻转课堂对教师提出了新的挑战，教师在线上线下要应对学生提出的更开放、更深层、更多元的问题，教师要充分发挥主导作用，坚守课堂阵地。因此，提高教师专业素养与能力成为翻转课堂成功的关键。如果教师无法让学生在这门课程中有所获，那么再先进的技术也无济于事。

因此，要及时加强引导思政课教师对党的最新理论成果的学习。教师作为知识的传播者以及学生学习的引导者，必须自身掌握最新理论成果，并且学透、学好。这样才能够用党的最新理论成果来武装大学生的头脑，进而指导大学生的实践，让他们做到真学、真懂、真信和真用。

同时，鉴于高校思政课教师专业化素养参差不齐，要促使翻转课堂在高校思政课中的应用，必须提升高校思政课教师的专业素养水平，培养教师的专业化能力，完善教师的外出培训机制，鼓励教师不断学习，增强思政课教师的专业素质水平。

4.提升思政课教师的信息化教学能力

在思政课教学过程中，教师是教学的主导者，高校思政课教师应该提高应对新时代、新媒体的工作水平。熟练掌握网络信息技术，明确其技术特质，使之日渐成为高校思想政治教育工作的主要方式。利用信息化教学手段和灵活多样的教学方式，做到与时俱进，充分发挥教师的积极性、主动性、创造性。

翻转课堂对教师的素质要求有着革命性的变化：一方面教师要有深厚的专业理论水平；另一方面教师还需精通现代信息技术的使用。翻转课堂的实施离不开信息技术和教学视频的支撑，因此教师应努力提高自身的信息素养，不断学习翻转课堂的技术，以达到熟练掌握的水平，能够根据教学要求制作出令学生满意的视频资源和电子课件，并能利用网络平台与学生建立联系。

目前，相当一部分思政课教师由于缺乏相关培训，对翻转课堂的认识不深，未能把握其实质。新媒体技术的专门培训可以提高教师的信息技术应用能力，增强教师迎接教学改革挑战的自信，从而主动应对、积极应变信息技术革命。思政课教师作为马克思主义思想的传播者，应该像马克思一样以欣喜若狂的心态面对和迎接新事物，做一个能够因事而化、因时而进、因势而新的真正的马克思主义者。

（二）学生是实践思政课翻转课堂的主体要素

翻转课堂能否有效地促进教学，能否成功地走向实践，最终还在于学生是否主动地参与学习的过程。翻转课堂是以任务驱动为导向的，学生需具备适度的学习动机、明确的学习目标才能不断适应这个新的教学模式并学到真正的知识。以学生为主体的知识性自我构建在翻转课堂中也十分重要，由此要求学生具有一定的网络操作能力、合理规划学习的自主能力、相应的自控自律能力以及综合利用学习资源的能力等。

一些学生在应试教育制度下缺乏主动性，习惯被动式的学习方式，很难借助网络平台自主学习；对思政课缺乏学习兴趣甚至存在排斥的情绪，缺少学习的自觉主动性；缺乏相应的信息技术素养。这些问题是制约翻转课堂顺利开展的瓶颈。作为思政课教师应适时适度地督促、管理学生的翻转式学习，不断调动其学习的积极性，克服惰性，引导学生主动地参与到翻转课堂中并发挥主体作用，培养学生主动发现问题、分析问题、解决问题的习惯与能力，这是翻转课堂良好运行、取得优质教学效果的重要因素。

翻转课堂应使大学生真切感受到思政课程是一门有乐趣、有价值的课程，是一门与自己的生活相关联且能指导实践的课程，这样师生才能在思政课的教学过程中感到快乐，享受思政课教学的过程，翻转课堂才能在高校思政课教学过程中从理念走向现实。

（三）高校是实施思改课翻转课堂的重要保障

目前，相当一部分高校的教学平台资源及技术还不能满足思政课翻转课堂建设的硬件要求。有些高校只加大对专业课程的经费投入和网络平台建设，对于思政课的建设不够重视、资金投入不足，导致思政教学网络学习平台建设不完善，网络视频和资料不齐全。翻转课堂在国外实施良好的一个重要因素在于学校为学生提供了一个全新的、适合学生的学习环境。针对我国的实际教学环境，高校应认真思考为实施翻转课堂应如何去改善现有的教学环境。

首先，在教室格局方面，条件优越的学校可以会议式圆桌和电脑终端形式教学代替秧田式教学，将传统常规型教室改造为研讨型智慧教室。这种新型学习环境会带来更加轻松、友好、民主、平等的学习氛围，学生与老师的交流会更加充分，学生也能表现得更好。与此相应，在班级人数方面，高校应适当减少班级人数，推广中小班化教学，以提高教学效率，减轻教师的教学压力，积极推进实施对学生的个性化教学。

其次，高校要加速实现思政工作信息管理系统共建与资源互享，打造师生思想状况动态信息发布、工作展示和数据分析平台，加强师生网络素养教育，有效地预防新媒体不良信息对大学生树立正确的价值观念、思想观念等方面的影响。高校还应在内部加强所有相关人员的团结协作，完善高校工作人员的相互监督体系，构建"三全"育人共同体，协同一致地开展思想政治教育工作，为提升翻转课堂网络化教学效果提供保障。

最后，高校需要在政策上鼓励教师投入教学改革，改进对教师的评价指标体系，引导思政教师愿意将时间和精力投入到教学改革中来。

总之，高校思政课翻转课堂教学改革应以习近平新时代中国特色社会主义思想为指导进行总体布局和全面规划。在遵循思想政治工作规律和学生成长规律的前提下，坚持以学生为中心，把握学生的思想特点和个性需求，不断丰富教学内容，创新教学方法，把学生培养成中国特色社会主义新思想的坚定信仰者、积极传播者和优秀践行者。

翻转课堂的产生是新时代高校思政课教学工作形势发展的需要。将传统思政课"漫灌"的方式转化为群体上的精准"滴灌"的方式，教育人际环境更加注重交互融通，保证每位学生的自主性和独特性，努力使思政课教学熠熠生辉，成为学生爱学、乐学的知心课程。

参考文献

[1] 刘利峰 . 思想政治教育与创新研究 [M]. 北京：北京理工大学出版社，2019.

[2] 吴长锦 . 思想政治教育协同创新研究 [M]. 中央编译出版社，2019.

[3] 冯刚 . 王树荫 . 思想政治教育研究热点年度发布 [M]. 北京：团结出版社，2019.

[4] 陈燕 . 思想政治教育社会治理功能研究 [M]. 北京：中央编译出版社，2019.

[5] 黄小华 . 思想政治教育价值实现论 [M]. 北京：光明日报出版社，2019.

[6] 巩克菊 . 人的利益与思想政治教育创新 [M]. 北京：中央编译出版社，2019.

[7] 王安平 . 大学生思想政治教育研究第 2 辑 [M]. 成都：四川大学出版社，2019.

[8] 理阳阳 . 基于网络时代视角的高校思想政治教育研究 [M]. 北京：研究出版社，2019.

[9] 吴江 . 中国传统文化的思想政治教育价值研究 [M]. 北京：北京理工大学出版社，2019.

[10] 张微 . 付欣 . 我国传统文化与思想政治教育的融合创新研究 [M]. 西安：西北工业大学出版社，2019.

[11] 刘煜昊 . 思想政治教育仪式 [M]. 北京：知识产权出版社，2020.

[12] 李学源 . 赵江涛 . 大学生思想政治教育研究 [M]. 北京：中国建材工业出版社，2020.

[13] 胡绍红 . 大学生思想政治教育研究 [M]. 北京：研究出版社，2020.

[14] 余斌 . 王洪斌 . 思想政治教育研究论丛 [M]. 郑州：大象出版社，

2020.

[15] 陈义平. 思想政治教育学原理 [M]. 合肥：安徽大学出版社，2020.

[16] 任建国. 张磊. 思想政治教育与传统文化 [M]. 天津：天津人民出版社，2020.

[17] 周百川. 刘正. 姜胜影. 思想政治教育教学研究 [M]. 沈阳：辽海出版社，2020.

[18] 吴忠坤. 冯一鸣. 大学生思想政治教育研究 [M]. 长春：吉林出版集团股份有限公司，2020.

[19] 邓莉. 牛玉婷. 思想政治教育学原理 [M]. 北京：现代出版社，2020.

[20] 衣颖. 高职院校思想政治教育与教学研究 [M]. 长春：吉林出版集团股份有限公司，2020.